"十二五"国家重点出版物出版规划项目

乌干达的风俗与文化

[美]凯法·M.奥蒂索 著
施雪飞 译

民主与建设出版社
·北京·

图书在版编目(CIP)数据

乌干达的风俗与文化 / (美)奥蒂索著；施雪飞译
. —北京：民主与建设出版社，2018.12
ISBN 978-7-5139-0843-6

Ⅰ. ①乌… Ⅱ. ①奥… ②施… Ⅲ. ①乌干达—概况
Ⅳ. ①K942.6

中国版本图书馆 CIP 数据核字（2015）第 245722 号

版权登记号：01–2015–7108

乌干达的风俗与文化
WU GAN DA DE FENG SU YU WEN HUA

出 版 人 李声笑
著　　者 （美）凯法·M. 奥蒂索
责任编辑 郭长岭
封面设计 逸品书装
出版发行 民主与建设出版社有限责任公司
电　　话 （010）59417747　59419778
社　　址 北京市海淀区西三环中路 10 号望海楼 E 座 7 层
邮　　编 100142
印　　刷 北京文昌阁彩色印刷有限责任公司
版　　次 2018 年 12 月第 1 版
印　　次 2018 年 12 月第 1 次印刷
开　　本 880 毫米 ×1230 毫米　1/32
印　　张 8.75
字　　数 186 千字
书　　号 ISBN 978-7-5139-0843-6
定　　价 45.00 元

注：如有印、装质量问题，请与出版社联系。

出版说明

中国与非洲相距遥远，但自古以来，两地人民就有了从间接到直接、从稀疏到紧密的联系，这种联系增进了两地人民的沟通与了解，为两地的发展不断发挥着作用。特别是20世纪中叶以来，因为共同的命运，中国和非洲都走上了反殖民主义革命与争取民族独立的道路，中非之间相互同情、相互支持，结下了深厚的友谊。迈入新世纪以来，随着我国经济的发展，中非经贸关系日益深入，及时了解非洲的政治、经济、法律、文化的情况当然也就具有十分重要的现实意义。

有感于此，我社组织翻译出版这套《非洲译丛》，所收书目比较全面地反映了非洲大陆的政经概貌以及过去我们很少涉及的一些重要国家的情况，涵盖多个语种，具有较强的系统性和学术性，意在填补我国对非洲研究的空白，对于相关学术单位和社会各界了解非洲，开展对非洲的研究与合作有所帮助。

译丛由北京大学、中央财经大学、浙江师范大学、湘潭大学等国内非洲研究的重镇以及国家开发银行、中非基金等单位组织，由非洲研究专家学者遴选近期国外有关非洲的政治、经济、法律等方面有较大影响、学术水准较高的论著，汇为一编，涵盖政治、经济、法律等七个方面的内容，共约 100 种图书。

对于出版大型丛书，我社经验颇乏，工作中肯定存在着一些不足，期待社会各界鼎力支持，共襄盛举，以期为中非合作做出贡献。

民主与建设出版社

2014 年 8 月

目录

前 言

乌干达地处东非，部族关系复杂，按不同文化可分为 19 支部族，包括本地的大部族和来自欧亚的少数族裔。乌干达的国名来源于干达人（Baganda people），他们的布干达王国（Buganda Kingdom）从 18 世纪开始走向强盛，至今主宰着这个地区的文化、政治、社会和经济事务。[①] 有鉴于此，英国殖民者首先征服了布干达，并在吞并了周边的土著王国和部族之后，确立布干达为整个国家的统治中心。可以说，乌干达独立后持续了四分之一个世纪的后殖民（postcolonial）政治动荡，就是在此时埋下的祸根。

---

① 干达人的语言属于班图语（Bantu）的一种，使用不同的前缀来区分名词的不同含义，因此一个干达人自称穆干达（Muganda，单数），一群干达人则叫作巴干达（Baganda，复数），他们的国家叫布干达（Buganda），他们的语言干达语则叫作 Luganda 或 Oluganda。英国殖民者使用东非沿海地区同属于班图语的斯瓦希里语来称呼干达人的国家，而在斯瓦希里语中，表示国家的前缀是 U- 而非 Bu-，Uganda 国名由此而来。乌干达境内其他操班图语的部族和部分操尼罗语的部族也依据类似规律来称呼自己，详见正文第 3 页介绍。——译者注

本书的目的在于向新读者介绍乌干达，内容集中于地理、文化、政治和经济，并辅以少量图片。基于我本人的经历，以及其他地区资料的缺失（应归咎于1960年至1986年间的政治悲剧），图片材料将大部分来自乌干达南部，以及少数几个部族（如干达人和尼奥罗人）。这几个部族的社会、经济和文化事务被完好地记录了下来。如今乌干达大部分地区已经相对稳定，希望有人能借此机会搜集资料，增进我们对这个国家的了解。

致 谢

非洲谚语有云，在村子里孩子才能茁壮成长。书亦如此。托因·法罗拉（Toyin Falola）一直建议我写作此书，可我因忙于别事而一直推脱。提笔后不久我便发现任务之艰巨，因为在美国有关乌干达的资料实在太少了。在罗斯·博斯莱（Rose Bosire）和马丁·奥恩格里（Martin Ongeri）的帮助下，我得以直接从东非获取部分资料。与伊曼纽尔·图韦西吉耶和约坦·尼亚玛里夫妇（Mr. and Mrs. Emmanuel Twesigye and Jotham Nyamari）的访谈为我提供了有关乌干达文化、社会和经济境况诸多方面的重要信息。

感谢伊曼纽尔·图韦西吉耶（俄亥俄卫斯理安大学）和托因·法罗拉（德克萨斯大学奥斯汀分校）为本书初稿提出的宝贵意见。肯·戈耶尔（Ken Goyer，“援助乌干达”项目）、厄尔·斯科特（Earl Scott，明尼苏达大学）以及伊曼纽尔·图韦西吉耶为本书提供了大部分图片。

格林伍德出版社的编辑温迪·施瑙费尔（Wendi Schnaufer）为我提供了宝贵的专业意见和跟踪服务。没有她和她在尖峰印制公司的同事，这本书也是不可能出版的。

家人杰克琳（Jackline）和乔乔（Jojo）的无私支持和鼓励使我得以心无旁骛地在办公室和家里写作。长久以来父母希斯仑·奥蒂索和普莉西拉·奥蒂索（Hezron and Priscilla Otiso）对我的信心一直是我克服困难的动力所在。在精神上，“基石团契”的教友为我提供了宝贵的帮助，但唯有上帝才让整个项目得以实现。我也非常感谢鲍林格林州立大学提供的舒适的工作环境和物质支持。

感谢无数帮助过我、我却未曾知晓姓名的人，尤其是前辈的作者们。

感谢乌干达这个伟大而美丽国家的人民，你们不愧是“非洲的明珠”。

大事记

16 世纪 来自今天苏丹东南部的尼罗人创立了比托王朝，建立了布干达、布尼奥罗和安科莱三个王国。

18 世纪 布干达开始掠取布尼奥罗的领土。

1800 年 维多利亚湖畔的布干达领土从尼罗河一直延伸至卡盖拉河。

1840 年 布干达与来自印度洋岛屿桑给巴尔的穆斯林商人开始了贸易，以象牙和奴隶换取火器、布料和珠子饰物。

1840～1860 年 埃及官员、欧洲传教士和探险家来到乌干达，于 1841 和 1842 年前后抵达今天的尼罗河西岸地区。这个别名“拉多飞地”的区域在 1842 年至 1882 年间成了奴隶贸易的中心。

1852 年 卡巴卡穆特萨一世继承布干达王位。他的统治一直持续到 1884 年。

1862 年 布干达开始受到英国影响。英国探险家约翰·汉宁·斯皮克（1827～1864）成为第一位到达金贾的尼罗河源头的欧洲人。斯皮克和詹姆斯·奥古斯都·格兰特（1827～1892）也是第一批到达布干达的欧洲人。

1864 年 萨缪尔·贝克爵士（1821～1893）及夫人弗洛伦丝从埃及溯尼罗河而上，成为第一批到达艾伯特湖（布尼奥罗地区）的欧洲人。因为被怀疑是埃及间谍，他们未受到布尼奥罗的欢迎。

1870 年 奥穆卡玛卡巴莱加继承布尼奥罗王位。

1872 年 贝克代表埃及—苏丹政府兼并了布尼奥罗。在之后几年，贝克和艾明·帕夏（1840～1892）试图借助苏丹的努比亚士兵兼并今天乌干达的全部版图，直到 19 世纪 80 年代苏丹爆发了马赫迪起义和英国的插足才被迫停手。英国企图借用桑给巴尔特使与卡巴卡穆特萨一世的关系，从东部介入该地区，但苏丹的努比亚士兵留在了乌干达。

1875 年 卡巴卡穆特萨一世请求爱尔兰裔美国探险家亨利·莫顿·斯坦利爵士（1841～1904）向布干达派出英国圣公会传教士。与此同时，桑给巴尔的穆斯林也正积极地谋求布干达的伊斯兰化。

1877 年 来自英国海外传道会的传教士抵达布干达，艾明·帕夏开始统治拉多飞地。

1879 年 法国罗马天主教会向布干达派遣了阿尔及利亚白人神父团。新教徒、天主教徒和穆斯林开始竞争。与此同时，布干达宫廷也信仰传统的干达宗教仪式。

1884 年 卡巴卡穆特萨一世去世，其子姆旺加即位（统治时间 1884～1886 年及 1889～1897 年）。新教徒、天主教徒和穆斯林之间的矛盾爆发。

1885 年 卡巴卡姆旺加下令折磨并处死了詹姆斯·汉宁顿主教（1847～1885），以及许多当地的基督教徒（他们被后世称为乌干达殉道士）。有组织的伊斯兰化开始，手段包括强制的割礼。这场危机广泛地牵涉到德国、法国与英国的利益。马赫迪攻陷喀土穆，查尔斯·戈登将军（1833～1885）被杀。

1886 年 卡巴卡姆旺加试图遏制外来宗教在布干达的影响力。新教徒、天主教徒和穆斯林联手将他推翻，并扶植了一个新的卡巴卡。这个新卡巴卡又反过来攻击基督教徒，后者被迫联合以前的敌人姆旺加并于 1889 年将其复位。从此，姆旺加成了基督教徒手中的棋子。

1889 年 斯坦利和艾明·帕夏离开拉多飞地，前往东非沿海。这个地区陷入无政府状态长达十年之久，直到英国政府于 1894 年将其永久赠送给比利时国王利奥波德二世。1897 年起，这个地区成为刚果自由邦（今天的刚果民主共和国）的一部分。

1890 年 英国与德国签署协议，将后来成为乌干达的地区划分给英国。弗里德里克·卢嘉上尉作为不列颠东非公司（IBEA）的代表被派去确保英国的利益，成为乌干达的首位殖民军事长官。

1891 年 卢嘉接管了 8000 名贝克和帕夏留下的苏丹努比亚士兵、妇孺和奴隶。他击败了部分穆斯林派别，在今天乌干达的中部建立起统一的军队。零星的宗教冲突和内战仍在持续。

1892 年 卢嘉额外招募了 400 名苏丹努比亚士兵来维持稳定，并将乌干达南部纳入不列颠东非公司的控制。天主教徒与新教徒的战争爆发，卢嘉帮助新教徒击败了布干达的法国天主教对手。

1893 年 英国人以保护地政府取代不列颠东非公司在乌干达的统治。杰拉德·赫伯特·波特尔爵士（1858～1945）成为布干达（乌干达）保护地的首任殖民行政长官。亨利·爱德华·柯尔维上校（1852～1907）向布尼奥罗和卡巴莱加宣战。

1894 年 布干达（乌干达）被正式宣布为英国保护国，这一决定在 1900 年的《布干达协定》中得到认可。

1895 年 英国在今天的肯尼亚另成立了一个保护国。柯尔维上校组建了乌干达步枪团。

1896 年 英国将布索加、布尼奥罗、托罗和安科莱王国纳入了乌干达保护国的版图。1899 年至 1901 年间另有少量领土扩张。

1897 年 布干达的卡巴卡姆旺加为躲避英国追捕而逃离首都。其子，四岁的达乌迪·奇瓦即位。年幼的卡巴卡由摄政辅佐至 1914 年，继而亲政至 1942 年。乌干达兵变（苏丹士兵的起义）爆发，在印度军队的协助下英国于第二年才将其镇压，但在许多地方仍有持续不断的叛乱。

1899 年 布干达的卡巴卡姆旺加和布尼奥罗的卡巴莱加被捕，并被流放至印度洋上的塞舌尔群岛。由于卡巴莱加给英国制造了大麻烦，布尼奥罗的国土被并入了布干达，20 世纪 60 年代备受争议的“消失的郡县”问题由此产生。哈里·汉密尔顿·约翰斯顿爵士（1858～1927）成为乌干达保护国的行政长官。

1900 年 《布干达—英国协定》（通常又叫作《乌干达协定》）签署，布干达成为由新教徒酋长掌权的君主立宪自治王国。

1901 年 乌干达铁路自印度洋港口蒙巴萨开建。

1902 年 铁路修至维多利亚湖畔城镇基苏木，1912 年、1928 年、1949 年、1957 年直至 1960 年的几次修建最终将铁路网延伸至乌干达的中部、北部和西部。乌干达东部（即今天的马乌高原、大裂谷和东部陡崖）被划给肯尼亚（20 世纪 70 年代伊迪·阿明［1928～2003］试图夺回这块领土，差点与肯尼亚开战）。乌干达步枪团被编入英王非洲步枪团，成为乌干达军队的前身。

1904 年 棉花开始商业种植，扩张一直持续到 20 世纪 30 年代。

1905 年 乌干达的行政权从英国的外交部门转移至殖民部门。

1909 年 比利时国王利奥波德二世去世，拉多飞地被划归苏丹政府。

1914 年 拉多飞地（尼罗河西岸地区）被转手至乌干达，用以交换冈多科罗和尼穆莱地区。除去 1926 年划归肯尼亚的鲁道夫地区和少量划入苏丹的土地，乌干达的边境线基本确立。

1914～1918 年 第一次世界大战爆发。3 万英王非洲步兵团的乌干达士兵和 17.8 万名挑夫卷入战争，严重拖累了之后几十年的经济增长。

1920 年 乌干达引入咖啡和糖作为额外的经济作物。首家糖厂于 1924 年落成。

1921 年 乌干达获准组建行政会议（内阁）和立法会

（议会），以辅佐总督治理国家。1945 年之前立法会没有任何非洲成员。麦克雷雷科技学院成立。

1939～1945 年　7.7 万名乌干达士兵卷入第二次世界大战。

1945～1953 年　咖啡和棉花在世界范围的需求和价格走高，使得殖民当局有能力启动乌干达的大型经济振兴计划。地方政府扩招至乌干达人，培养了许多后殖民时代的政府管理人员。

1947 年　东非高级专员公署酝酿成立。

1950 年　麦克雷雷学院更名为麦克雷雷东非大学学院，授伦敦大学学位。1963 年又成为东非大学的一部分，1970 年取得独立的大学资格。

1952～1959 年　肯尼亚爆发茅茅叛乱，乌干达步枪团被部署至肯尼亚镇压叛乱。伊迪·阿明开始崭露头角。他的绰号“达达”也在此时取得。他在与情人幽会时被抓，却狡猾地告诉英国长官那个女人是他的“达达”（姐姐）。

1953 年　立法会的代表权进一步扩大。政党开始出现。卡巴卡穆特萨二世（1924～1969）被驱逐，因为他反对将布干达并入乌干达和即将成立的东非联邦。由于坚持布干达的独立，他被安德鲁·本杰明·科恩总督（1909～1968）驱逐并流放至英国两年。布干达进入紧急状态。

1955 年　卡巴卡穆特萨二世被迫屈服并归国。南苏丹努比亚士兵哗变。

1957 年　东非高级专员公署获得东非防卫权。

1958 年　乌干达全境举行立法选举。因为拒绝参加选举，布干达没有代表进入立法院。乌干达被授予内部自治权。

1959 年 全国普查查明人口共 650 万。卢旺达难民因部族冲突涌入。

1960 年 立法会取得更多的代表权，行政会议变为部长会议。比利时难民从刚独立的刚果民主共和国涌入。

1961 年 天主教民主党在全国选举中大胜，本尼迪克托·基瓦努卡成为乌干达首任首席部长（首相）。布干达在伦敦制宪会议上成功攫取联邦地位。

1962 年 乌干达独立，米尔顿·奥博特出任首相，布干达保持高度自治。

1963 年 卡巴卡穆特萨二世成为乌干达总统（名义上的国家元首和军队统帅）。

1964 年 驻扎在金贾的非洲部队因恶劣工作条件哗变，英国驻军被调来镇压，其中的非洲军官获得了意想不到的快速晋升（伊迪·阿明成为陆军副司令，夏班·奥博罗特准将成为陆军司令）。米尔顿·奥博特的执政联盟（乌干达人民大会党与卡巴卡耶卡党）分裂。有关“消失的郡县”的公投在布尼奥罗举行。

1966 年 布干达企图脱离乌干达而独立。米尔顿·奥博特总理中止了 1962 年宪法，取消了布干达的自治权并下令军队开进卡巴卡的王宫。卡巴卡穆特萨二世第二次流亡伦敦。伊迪·阿明取代夏班·奥博罗特准将成为陆军司令。

1967 年 新的共和国宪法赋予米尔顿·奥博特广泛的行政权力，废除了传统的君主制，并将布干达分割为四个小行政区。

1968 年 伊迪·阿明晋升为少将。

1969 年 奥博特发表了他的社会主义宣言《平民宪章》。卡巴卡穆特萨二世于流亡期间去世。

1970 年 阿明被怀疑谋杀了他的副手皮耶里诺·奥柯亚准将（陆军第二把手）及其妻子安娜。奥博特剥夺了他的大部分权力。

1971 年 阿明趁米尔顿·奥博特参加英联邦首脑会议之际发动军事政变。卡巴卡穆特萨二世的遗体在坎帕拉附近下葬。在阿明的命令下，平民与官员开始消失。陆军开始恐怖统治国家。

1972 年 阿明下令驱逐近 6 万名亚裔乌干达公民，将经济控制权夺回并转交给乌干达人。58 名欧洲传教士也被驱逐。在坦桑尼亚的乌干达流亡势力入侵乌干达失败，未能推翻阿明的统治。阿明与以色列断交，与巴勒斯坦和其他反以色列势力结盟。

1972～1973 年 乌干达农业产量暴跌。与坦桑尼亚发生边界冲突。

1976 年 阿明宣称肯尼亚的部分地区直到 20 世纪初一直是乌干达领土。他授予自己乌干达终身总统称号。他允许满载以色列人的被劫法航客机降落在恩德培机场。以色列偷袭机场解救了人质，仅有一人丧生。

1978 年 乌干达入侵坦桑尼亚，占领了卡盖拉地区。

1979 年 坦桑尼亚在乌干达全国解放阵线（UNLF）的帮助下反攻乌干达。约韦里·穆塞韦尼是这个反阿明的地下组织成员之一。阿明被打败并逃亡至沙特阿拉伯。优素福·卢勒成为总统，不久便被戈德福雷·比奈萨取代。

1980 年 陆军推翻了比奈萨，米尔顿·奥博特在选举争议中第二次当选总统。

1981 年 约韦里·穆塞韦尼对奥博特发起游击战。

1985 年 奥博特被军队推翻，蒂托·奥凯洛取而代之。穆塞韦尼的全国抵抗军（NRA）和军管会在内罗毕和谈，当年 12 月达成和平协议。

1986 年 约韦里·穆塞韦尼的全国抵抗军推翻了军管会。穆塞韦尼成为总统。

1993 年 穆塞韦尼恢复了传统的王国，但仍剥夺它们的政治权力。

1995 年 新宪法通过，允许组建政党，但不允许它们的政治活动。

1996 年 穆塞韦尼在乌干达第一次总统直选中获胜。

1997～1998 年 乌干达军队帮助刚果民主共和国（前扎伊尔）的洛朗·卡比拉推翻了蒙博托·塞塞·塞科。之后，乌干达军队又试图推翻卡比拉。

2000 年 全国性公投支持穆塞韦尼以无党派政体取代多党制。

2001 年 乌干达和卢旺达军队在民主刚果内战中反目，从盟友变为敌人。穆塞韦尼以较大优势赢得下个总统任期。他的主要对手，基萨·贝斯吉耶博士逃亡。

2003 年 伊迪·阿明在流亡期间病死并葬于沙特阿拉伯。

2005 年 米尔顿·奥博特在流亡期间病死，归葬乌干达。反对党领袖、2001 年总统选举的失败者基萨·贝斯吉耶博士结束流亡返回乌干达，期望在 2006 年 2 月的议会选举和总统选举中挑战穆塞韦尼。他不久即遭逮捕，被以强奸和叛国罪起诉。坎帕拉发生暴乱，造成一人死亡和重大财产损失。穆塞韦尼总统在国际抗议声中谋求第三个总统任期。

2006 年　乌干达四分之一个世纪以来的首届多党制议会和总统选举举行。穆塞韦尼和贝斯吉耶竞争总统职位。穆塞韦尼以较大优势获胜。

一、简　介 1

自 1962 年摆脱英国统治独立，乌干达这个东非国家就始终笼罩在政治动荡和战争的乌云之下，人口不断减少，社会经济凋敝。艾滋病的流行更是雪上加霜。造成这个国家社会政治的不稳定的因素有很多，包括复杂的文化结构、持续不断的军人政权和国内事务的管理失当。现任总统约韦里·穆塞韦尼（Yoweri Museveni）1986 年上台以来，这个国家保持了相对的社会和政治稳定，并开始重建民主的社会经济制度。但北部地区的公开冲突仍未停止。乌干达的政治和商业中心是坎帕拉（Kampala），第二大商业城市是坐落于尼罗河源头维多利亚湖畔的金贾（Jinja）。[1]

土　地

乌干达国土面积 236,040 平方公里，其中包括了 36,330 平方公里的水域和 199,710 平方公里的陆地；南北长约 550 公里（330 英里），东西宽约 480 公里（300 英里）；与 5 个国家接壤：肯尼亚、苏丹[①]、刚果民主共和国（前扎伊尔）、卢旺达和坦桑尼亚。

赤道横穿而过，将乌干达分为北大南小的两部分。其国土
2 南北介于北纬 4 度和南纬 1 度，东西介于东经 29 度和东经 35 度。大部分地区为高原，海拔 1067 米至 1372 米不等。两侧有高山环绕，东侧有埃尔贡山（Mount Elgon），海拔 4321 米（14,178 英尺），为死火山；西南则有横跨民主刚果和乌干达两国的鲁文佐里山脉（Ruwenzori Mountains），主峰为斯坦利山（Mount Stanley）的玛格丽塔峰（Margherita Peak），海拔 5113 米（16,774 英尺），为乌干达国土的最高点。相对应的艾伯塔湖（Lake Albert），海拔 621 米（2037 英尺），则是乌干达国土的最低点。

作为高海拔的赤道国家，乌干达有着怡人的热带气候，全年温度适中、降水充沛。东北部年降水量 500 毫米（19.7 英寸），而东南部靠近维多利亚湖的年降水量可达 2100 毫米（82.7 英寸）。乌干达南北的降水模式也不尽相同，干旱的北部地区雨季从 4 月持续到 10 月，11 月至 3 月为旱季。湿润的南部每年有两次雨季，分别为 4、5 月和 10、11 月，其他时间
3 则较为干燥。日间气温通常为白天 85 华氏度（29.4 摄氏度），夜晚 55 华氏度（12.7 摄氏度）。炎热干燥的 6 月至 8 月间，最高气温可达 88 华氏度至 95 华氏度。由于气温与海拔关系紧密，海拔高又湿润的南部通常更凉爽，而海拔低又干燥的东北部则要热一些。[2]

---

① 自 2011 年 7 月 9 日起，乌干达与南苏丹接壤。——译者注

乌干达是世界上水资源最丰富的国家之一，淡水水域占其236,040平方公里国土的16%（36,330平方公里）。大型湖泊有艾伯特湖、爱德华湖（Edward）、乔治湖（George）、库瓦尼亚湖（Kwania）、基奥加湖（Kyoga）和维多利亚湖；尼罗河两条支流中较大那条——维多利亚（艾伯特）尼罗河[①]，也贯穿该国。正因为尼罗河的源头位于今天乌干达境内，才引来了英国殖民者。

乌干达各地的植被形态也受到不同气候的影响，湿润的南部被热带雨林覆盖，而干燥的东北部则呈现热带草原景观。农业也与降水模式和当地土壤条件紧密相关。作物农业主要集中在湿润的南部和西部，而这个国家的北部和东北部则主要从事畜牧业。农业形态还受到不同部族的文化和餐饮偏好影响。

人 口

乌干达人口总数为24,699,073，年增长率3.3%（也就是说在21年内这个国家的人口将翻番）。由于贫困、内战和艾滋病肆虐，出生婴儿死亡率高达68‰，而人均寿命只有52岁。

乌干达共有19支大的部族，占人口总数的92%。按人口数量排序，他们是干达人（Baganda 17%）、安科莱人（Banyankole 8%）、索加人（Basoga 8%）、泰索人（Iteso 8%）、基加人（Bakiga 7%）、兰戈人（Langi 6%）、卢旺达人

① 即白尼罗河。——译者注

（Banyarwanda 6%）、基苏人（Bagisu 5%）、阿乔利人（Acholi 4%）、卢格巴拉人（Lugbara 4%）、托罗人（Batoro 3%）、尼奥罗人（Banyoro 3%）、阿卢尔人（Alur 2%）、格维雷人（Bagwere 2%）、孔乔人（Bakonjo 2%）、阿多拉人（Jopadhola 2%）、卡拉莫琼人（Karamojong 2%）、隆迪人（Rundi 2%），以及占 1% 的欧洲人、亚洲人和阿拉伯人。本地部族又可分为四类：班图人（Bantu），包括干达、安科莱、索加、基加、卢旺达、基苏、托罗、尼奥罗、格维雷和孔乔人；尼罗人（Nilotes），包括兰戈、阿卢尔、阿乔利和阿多拉人；尼罗—含米特人（Nilo-Hamites），包括卡拉莫琼人和泰索人；以及苏丹人（Sudanic），包括卢格巴拉人和卡库瓦人（Kakwa）。这些部族通常有自己特定的居住区域，大部分班图部族生活在南部，尼罗人则生活在中北部，尼罗—含米特人生活在东北部，
4 而苏丹人则生活在西北部。除此之外，他们还有着迥异的文化特征。比如，大多数班图人过着定居农耕生活，而尼罗—含米特人（尤其是卡拉莫琼人）则是靠牛羊养活的游牧民。约 85% 的乌干达人生活在农村地区。[3]

语　言

英语是乌干达的官方语言，广泛使用于媒体、司法和教育系统。熟练掌握英语是进入正规行业和公共部门的门槛之一。英语在殖民时代开始成为乌干达的全国性官方语言。当时的乌干达缺少一种广为传播的本土语言来完成国家的政治和经济整
5 合，英国殖民当局便通过学校教育和大规模的成人扫盲计划来

推广英语。基督教会倡导并支持了这些计划，以便当地人有更多机会接触《圣经》。为了推广英语，本土语言教育被殖民者忽视。乌干达传统的部族争端，以及后殖民时代的政治经济现实，也为英语的普及创造了机会。20 世纪 70 年代曾有流产的计划试图将斯瓦希里语（Kiswahili）或干达语（Luganda）当作全国性的官方语言。前殖民时代（precolonial）的部族争端和“分而治之”（divide and rule）的殖民政策加剧了当地人的分裂，确保了殖民统治。所以，各部族只支持他们自己的语言，任何其他部族语言地位的抬升都被视为对本部族的政治威胁和对本部族语言的贬低。这样一来，英语被许多人当作一种安全的中立语言使用。

后来，后殖民时代的乌干达精英继承了殖民时代的思想，认为国家必须保持政治、经济的统一和完整，支持英语继续作为全国性的官方语言。英语的官方地位是精英政治下的“非民主”产物，因为多数乌干达人的英语水平很低。结果是，不少乌干达精英同时使用多种语言，他们在官方或公开场合说英语，而在私下使用部族语言。

英语在当代乌干达的显赫地位也得益于它的媒介功能。在教育领域，使用英语被认为是传授科技知识的更优选择。使用英语也有助于乌干达融入国际社会。此外，城市中的混合伴侣（mixed couples，伴侣双方来自不同的部族或人种）使用英语相互交流、教育子女，也推动了英语的普及。[4]

除了英语，乌干达的其他重要语言有干达语、斯瓦希里语、卢奥语（Luo）和阿拉伯语。四种语言中只有干达语和斯瓦希里语才有可能成为全国性语言，因为操这两种语言的人数较多。干达族是乌干达人口最多的部族，他们的语言干达语成了该国的通用语（lingua franca），却没能进一步发展为全国性语言，因为干达人自殖民时代开始就把持内政，遭到不少非干达人的怨恨。即便如此，使用干达语的文学、报刊和媒体众多，不断增强着它的影响力。

伊迪·阿明（Idi Amin）于20世纪70年代将斯瓦希里语
升格为乌干达的全国性语言，但后来的政府并未认可实施这项
6 政策，没能从根本上改变这门语言在乌干达的地位。斯瓦希里
语目前处境尴尬，原因如下：它并非乌干达的原生语言；使用
人数少于干达语；可以用来推广的原生作品太少；语言本身的
变种较多，肯尼亚、坦桑尼亚和乌干达均有自己的方言（尽
管坦桑尼亚变种是广泛认可的标准斯瓦希里语）；它不是联合
国等国际组织的官方语言；人们也不认为它是传授科技知识的
恰当媒介（尽管坦桑尼亚一直在尝试）。

不过，斯瓦希里语在乌干达仍有不错的前景。它是肯尼亚和坦桑尼亚的通用语，而这两个国家不仅是乌干达在复兴的东非共同体的伙伴，也是邻国和主要的贸易伙伴。斯瓦希里语在东非和中部非洲传播迅速，被不少国际媒体选为播放语言，如英国广播公司、开罗之声、美国之音、德国之声、莫斯科国际广播电台、日本国际广播电台、中国国际广播电台和南非之声。自殖民时代起，斯瓦希里语就广泛使用于乌干达军队。但数十年的残酷军事统治损坏了军队的形象，使得这门语言未能随军队的脚步推广至全国。因此，对许多乌干达人来说，拒绝使用斯瓦希里语是一种政治抗争的手段，尤其是占主导地位的干达人，他们不仅在独立后迅速丧失了权力，更在军事统治时

期遭到打击（尤其是阿明独裁时期）。多数干达人宁愿看到他们自己的干达语成为全国性语言。但自从约韦里·穆塞韦尼于20 世纪 80 年代中期上台以来，乌干达军队的纪律、教养、人权纪录、教育水平和名声均有所改善，斯瓦希里语在这个国家的前景也变得乐观起来。[5]

在英语、干达语、斯瓦希里语、卢奥语和阿拉伯语之外，乌干达还有超过 35 种部族语言，以及非本土居民使用的弱势语言，尤其是复杂的亚裔群体的语言。

教 育

乌干达因袭了英国殖民者的教育体系。该体系含七年小学、四年初中、两年高中及三至四年大学教育（视专业而
定）。乌干达目前的成人识字率为 67%。1997 年起该国开始推 7
行非义务的普惠小学教育（UPE），从最初每户家庭四个孩子的配额逐渐普及至所有儿童，将小学入学率提升至了 98%。尽管该国将 70% 的教育预算用于此项目，但乌干达父母仍须为孩子承担一笔可观的教育支出。[6]

乌干达政府是该国最大的教育提供者。以 2002 年为例，全国 13,332 所小学的所有权情况如下：政府 10,420 所（超 78%）、私营部门 1884 所（14%）、社区 994 所（8%）、其他 34 所（0.3%）。同年，全国小学共有 7,354,153 名小学生，50.1% 为男孩，49.7% 为女孩（原文如此——译者注）；全国 2198 所中学共有 655,951 名注册学生，359,494 名（54.8%）为男孩，296,457 名（45.2%）为女孩。48% 的中学生就读于 711 所政府

设立的中学，31%就读于799所私立中学，21%就读于688所社区中学。由于国家教育预算主要用于小学教育，中学和大学教育并未普及至多数乌干达人，并缺乏相应的资源。

乌干达共有52所高等教育学府：17所大学、10所教师学院、5所技术学院、5所商学院、5所农业与畜牧学院、1所林学院、2所合作学院、1所酒店与旅游学院、4所卫生与医药学院和2所职业学校。多数大学生为男性（60%），并集中于大学和教师培训学院。乌干达仅有的两所公立大学麦克雷雷（Makerere）和姆巴拉拉（Mbarara）集中了全国近半数的大学生。[7]

除了成立于1922年东非最古老的大学麦克雷雷，该国的其他大学历史均不早于20世纪80年代末。除了政府设立的姆巴拉拉科技大学，其他新大学都有宗教属性，课程设置较为市场化，主要有商业、计算机和神学，多数教师由公立大学的讲师和教授兼职，他们主要来自麦克雷雷大学。

麦克雷雷大学依旧是乌干达最知名、最大的大学，目前约有四万名注册学生。在殖民时代及后殖民时代早期，它是伦敦大学的一部分，服务于当时的英属东非地区（乌干达、肯尼
8 亚和坦桑尼亚）。1963年至1970年间，麦克雷雷构成了东非大学（University of East Africa）的主体。而后，它转变为乌干达共和国的一所独立大学。1971年至1979年间，伊迪·阿明的军事独裁统治几乎摧毁了这所大学，但不久它便得以重建，恢复了往日的名声。

乌干达高等教育的高速发展，满足了1997年普惠小学教育实施以来中小学生数量井喷的现实需要。然而，面对高等教

育的旺盛需求，乌干达的大学和学院却不堪重负，系统内部充斥了各种问题：学生数量过多；对学生监管不到位；用于教室、宿舍、排水系统等基建、教学仪器和图书馆的资金不足；合格的教员和教授数量不足，难以满足每个学生的需求。理科教员的稀缺、理科设施的高昂成本也导致了神学、社会科学和人文学科毕业生的过度增加，而这些学生往往找不到工作。系统的另一个不合理之处在于，学生没法带着学分从技术学院转校到大学。[8]

最后，乌干达的高等教育体系还面临着缩小入学人数性别差距的巨大挑战。许多因素导致了大学女生数量偏少、中小学女生辍学率偏高的现状：高贫困率诱发少女卖淫；高艾滋病感染率让女孩不得不挑起留在家中照看病人的重担；政府禁止大量怀孕女孩和青少年母亲完成中小学学业；女孩担忧在学校遇到性骚扰。此外，乌干达学校的性别失衡还与家长的教育和收入水平有关；社会主流文化则倾向于教育男孩而非女孩；北部的政治动荡也迫使当地女孩失学。[9]

城　镇

乌干达的城镇化水平，或者说城镇人口比例，只有 12% 。偏低的比例归咎于该国的大部分地区尚属于农村，而在官方统计中，未正式开发的城区居民也被算入农村人口。尽管如此，1969 年至 2002 年间，城镇数量还是从 58 个增至 74 个，城镇人口也从 634, 952 增至 2, 999, 387；年城镇化速率从 8. 2% 降至 3. 73% ；首都坎帕拉的人口占城镇总人口的比例从 54% 降 9

至 40%；前 20 大城镇的人口占城镇总人口的比例从 87% 降至 77%。前 20 大城镇在这一时期经历了高速的扩张，这意味着该国的次一级城镇也在同期增长迅猛。51% 的城镇人口（1,189,142）居住在大城市坎帕拉。[10]

表 1.1 列举了乌干达的前 20 大城镇，许多来自人口更加稠密的南部和西部。北部持续不断的内战迫使许多农村居民离开家园，使得古卢、基特古姆、利拉、卡塞塞等一些北部城镇的人口在近年来增长迅速。

表 1.1　前 20 大城镇的人口（1969～2002）

2002 年排名	名称	1969 年	1980 年	1991 年	2002 年	1969～2002 年增长%
1	坎帕拉 Kampala	330,700	458,503	774,241	1189,142	260
2	古卢 Gulu	18,170	14,958	38,297	119,430	557
3	利拉 Lira	7340	9122	27,568	80,879	1002
4	金贾 Jinja	47,872	45,060	65,169	71,213	49
5	姆巴莱 Mbale	23,544	28,039	53,987	71,130	202
6	姆巴拉拉 Mbarara	16,078	23,255	41,031	69,363	331
7	马萨卡 Masaka	12,987	29,123	49585	67,768	422
8	恩德培 Entebbe	21,096	21,289	42763	55,086	161
9	卡塞塞 Kasese	7213	9917	18,750	53,907	647
10	恩杰鲁 Njeru	4637	3880	36,731	51,236	1005
11	穆科诺 Mukono	3565	5783	7406	46,506	1205
12	阿鲁阿 Arua	10,837	9663	22,217	43,929	305
13	基特古姆 Kitgum	3242	4961	12,978	41,821	1190
14	索罗提 Soroti	12,398	15,048	40,970	41,711	236

续表 1.1

2002年排名	名称	1969年	1980年	1991年	2002年	1969～2002增长%
15	卡巴莱 Kabale	8234	21, 469	29, 246	41, 344	402
16	波特尔堡 Fort Portal	7947	26, 806	32, 789	40, 993	416
17	伊甘加 Iganga	5958	9899	19, 740	39, 472	563
18	布西亚 Busia	1146	8663	27, 967	36, 630	3096
19	托罗罗 Tororo	15, 977	16707	26, 783	34, 810	118
20	米提亚纳 Mityana	2263	2547	22, 579	34, 116	1407

数据来源：托马斯·布林克霍夫，“乌干达——城市人口”，http://www.citypopulation.de/Uganda.html，2005年。1969年至2002年的增长率经作者计算得出。

乌干达的城镇生活与非洲其他国家类似。总体而言，城镇人口的增长速度超过了市政建设的可承受范围，导致排水、供电和住房等基本服务短缺。结果，大量的城镇居民被迫生活在 10
贫民窟。贫民窟房屋质量堪忧，人口拥挤，缺少安全的饮用水，居住环境恶劣，导致居民经常患病，无法过上像样的生活。

城镇人口高速增长，国民经济依旧贫困，就连受过教育的乌干达人也很难找到合适的工作机会。近年来乌干达的总失业率在7.4%上下，而城镇失业率则高达约22%，坎帕拉的失业率更高（31%）。大部分的现代经济部门都集中在坎帕拉，过多的农村人口被吸引而来，幻想能在那里找到工作。过高的城镇失业率也困扰着东非的其他大城市，如肯尼亚的内罗毕（Nairobi）和坦桑尼亚的达累斯萨拉姆（Dar es Salaam）。

11

资源、职业与经济

乌干达的可耕地占土地总面积的75%。然而，只有10%的土地可以算作高产地，其余产量均一般。作为土地相对富饶的非洲国家，乌干达的农产品种类繁多，它们构成了国民经济的基础。主要的经济作物有咖啡、茶、棉花、烟草和甘蔗；水果有香蕉、菜蕉、菠萝、鳄梨、百香果、芒果、菠萝蜜和木瓜；蔬菜有秋葵、胡瓜、洋葱、蘑菇、豇豆、茄子、西红柿、芦笋和土豆；调味品有辣椒、香草、姜和木瓜酶；谷物有豆类、玉米、大米和小麦；油料有香茅油、桉树油、姜油、薄荷油和天竺葵油；动物产品有绵阳、山羊、鸡、蜂蜜、蚕茧和各种牛产品。乌干达还出口数量可观的鱼类和鱼产品。[11]

在这个以农业为主的国家，激增的人口加剧了对肥沃耕地的争夺，农业用地开始侵蚀敏感的生态系统，环境问题日益突出，包括农业用地扩张造成湿地退化，毁林造田和无节制的木材生意导致去森林化，过度放牧，滥用、错用农地引起水土流失，盗猎和栖息地减少威胁野生动物生存等。此外，维多利亚
12 湖近来遭受水葫芦（一种水草）入侵，威胁到了蒸蒸日上的捕鱼业和水上交通。

乌干达的矿产资源不算太多，但也出产具备商业价值的矿物，包括钨、钨锰铁合金、钽铁合金、蛭石、金、钴、镍、盐和氢氧化铜。该国的工业主要有农产品加工、纺织、制衣制鞋、皮革、造纸、化工、制药、建材、木材和各种冶金行业。[12]

旅游业、手工艺、珠宝和出口肯尼亚的电力也是乌干达的重要经济部门。该国的进口则包括石油类产品、电力设备、交通设备、非电类机械、生铁、钢铁和其他工业品。乌干达的主要贸易伙伴有肯尼亚、英国、印度、日本、德国、法国、南非、香港、意大利和美国。

82%的乌干达劳动力从事农业，5%从事工业，13%从事服务业。这个比例契合了乌干达高度依赖农业、贫苦农业人口众多的现状。按购买力平价计算的人均国民生产总值（GDP）约为1200美元，意味着每个乌干达人每年平均消耗价值1200美元的产品和服务。该国的家庭收入分配较不平等，最穷的10%人口只获得国民收入的4%，而最富的10%人口则占有国民收入的21%。35%的人口生活在国家贫困线以下。[13]

按购买力平价计算，乌干达的总GDP约为390亿美元。GDP的构成如下：农业44%、工业18%、服务业38%。1990年至2001年间，乌干达经济增长迅速，修复了内战时期损毁的多数重要基础设施。截至2001年，乌干达的实际GDP增速约为每年5.1%。来自西方国家的援助者和借款者于2000年为其免除了20亿美元的债务，极大刺激了乌干达的经济发展。该国目前尚有约45亿美元外债，占其GDP的11.4%，在涵盖202个国家的全球外债排名中排第104位。但是，乌干达的国债规模占其GDP的63%，仍属于重债国行列。

尽管乌干达的正规（货币化）经济规模不大，该国的非正规经济（易物贸易、监管之外的小商业和家庭产业）却依旧数量可观。这使得官方数据难以真实反映乌干达经济的总量。许多非洲国家都面临同样问题。

13 政 府

乌干达政府由行政、司法和立法机构三部分组成。总统领导行政机构，主要官员有副总统、总理和内阁部长。总统掌握了大部分的国家行政权力，有权任命或解职副总统、总理和内阁部长。

由大法官领导的司法机构，负责维护国内正义，是法治、秩序、人权、社会正义、道德和良治的保障，此外还有阐释和捍卫国家宪法的职责。乌干达的司法机构相对独立，由宪法保证其免于立法和行政机构的干扰。司法机构的组成包括最高法院、上诉法院、高等法院、商事法院和地方法院。

乌干达的立法机构（议会）是一院制的，即不分上下两院，由议长领导，并有五名副手：执政党首席议员（议会事务部长），商业、规划与经济发展部长，以及其他三名由议员选举产生的委员。

除了这些国家级政府机构，乌干达还有许多区县级的地方政府机构。城镇地方政府根据城镇排名依次分为市、郡和镇。市由市议会及具体的部门委员会管理，郡和镇则由郡、镇议会及具体的部门委员会管理。在农村地区，地方政府分为县、教区和村。[14]

历　史

早期历史

人类在乌干达定居的历史可追溯至公元前 4 世纪。这片土地久远的人类定居历史，可部分归功于充沛的降水、肥沃的土壤、适宜的气温、茂密的森林和草地，以及生活于其中的大群可食用野生动物。最早到达乌干达的是狩猎采集部族；后来，优良的农作和放牧条件吸引了农业部族和游牧部族前来。这些后来者逐渐在人数和实力上占据上风，将狩猎采集部族驱赶至 14
该国贫瘠的西部和西南部山区。[15]

英国殖民时代

1890 年，弗雷德里克·卢嘉上尉（Captain Frederick Lugard）代表不列颠东非公司（Imperial British East Africa Company，IBEA）控制了乌干达领土，现代乌干达被首次纳入英国势力范围。1893 年 3 月不列颠东非公司在乌干达的殖民执照到期，英国政府遂于次年宣布乌干达为其保护国。这里出产丰富的象牙、咖啡、橡胶、小麦、棉花和松香，为英国提供了巨大的经济利益，战略地位重要。由于存在几个势力强大的土著王国，如布干达和布尼奥罗（Bunyoro），英国人不得不诉诸武力才得以完全殖民乌干达。[16]

英国人对乌干达的完全殖民是 1862 年以来该地区一系列事件和冲突的顶点。1862 年 7 月 28 日，约翰·汉宁·斯皮克

(John Hanning Speke) 抵达乌干达金贾附近的里彭瀑布(Ripon Falls),误以为发现了尼罗河的源头。英国一直渴望控制整条尼罗河,有以下几个理由:其一,他们想确保从衰落的奥斯曼帝国那里夺取的北非埃及殖民地的安全,并保障作为英印贸易生命线的苏伊士运河的畅通(由法国人于 1859 年至 1869 年间挖掘)。就连奥斯曼帝国也知道控制尼罗河的重要性,在英国殖民者到来前曾向南扩张至苏丹和今天的乌干达北部。其二,英国人曾试图经由尼罗河水道进入非洲内陆,控制这条河有利英帝国在这片大陆的利益。可后来发现尼罗河的瀑布和急流过多,无法穿行。其三,为防止埃及陷入被动,英国人对其他外国势力介入尼罗河上游地区非常敏感,尤其是控制了乌干达南方邻国坦桑尼亚的德国。因此,由于斯皮克发现了尼罗河源,卢嘉上尉便于 1890 年来到乌干达,以保护包括尼罗河在内的英国利益。尽管他的身份是新成立的不列颠东非公司代表,但在当时,这个公司的利益就等同于英国的国家利益。从而,卢嘉的到来不仅帮助英国人控制了尼罗河,也导致乌干达最终于 1894 年被英国完全殖民。

英国在乌干达的殖民统治起初困难重重,不得不使用武力来臣服强大的土著王国。举例来说,1897 年布干达王国的卡巴卡(Kabaka,干达语“国王”)姆旺加(Mwanga)和布尼
15 奥罗王国的奥穆卡玛(Omukama,尼奥罗语“国王”)卡巴雷加(Kabarega)曾起义反抗英国殖民统治。由于当时被用来武力控制乌干达保护国的苏丹军队哗变,英国殖民者被迫从印度等地抽调外国军队来恢复秩序。

随之而来的殖民军事统治持续了三年之久(1897 年至

1899年)，只有当多数叛乱被镇压之后，才由一个文官政府取代。这个文官政府由哈里·约翰斯顿爵士（Sir Harry Johnston）领导，并与几大土著王国签订了符合英国利益的条约，进一步巩固了对乌干达的控制。影响力较大的布干达于1900年3月首先与英国立约。在平息叛乱的过程中，英国军队首先征服了该国，于1899年擒获并流放了领袖卡巴卡姆旺加，扶持其四岁的幼子达乌迪·奇瓦（Daudi Chwa）上位。辅佐幼主的三名摄政大臣遂与英国签订了条约。在当时，英国殖民者视干达人为“盟友”，这个被后世称为《乌干达协定》的合作条约，也尚且被认为有利于布干达王国，授予了干达人不少特权，并将其确立为乌干达的主体民族。托罗王国（Toro)、安科莱王国(Ankole)、布尼奥罗等其他王国就没有那么幸运，分别于1900年6月29日、1901年8月7日和1933年10月23日与英国签订了不平等条约。这些条约确保了英国对乌干达的统治，并在帝国的扩张过程中开发了乌干达，但也为即将到来的后殖民时代埋下了政治冲突的种子。

独立年代

乌干达于1963年获得独立，由已故的阿波罗·米尔顿·奥博特（Apolo Milton Obote）出任总理，布干达的卡巴卡爱德华·穆特萨爵士（Sir Edward Mutesa）出任总统。与肯尼亚的独立斗争出现流血事件不同，乌干达走向独立的和平政治过渡没有破坏它的公共服务和基础设施，让许多人相信这个国家将迅速实现社会经济发展。然而，殖民时代和后殖民政府的一系列政治失误却几乎毁灭了这个国家。[17]

首先，殖民主义造成了乌干达国内巨大的宗教、经济和部族不平等。这种不平等有利于殖民当局的统治，却给后殖民时代带来难以挽回的恶果，尤其是在奥博特执政期间。在殖民时代，南部的班图部族，尤其是干达人享受了各种特权，却牺牲了尼罗部族（如阿乔利人和兰戈人）和尼罗—含米特部族
16 （如泰索人和卡拉莫琼人）的利益。举例来说，1900 年的《乌干达协定》给予了干达人充分的国内政治权力和影响力。与其他部族不同的是，干达人能获得更多的教育机会，没过多久就控制了殖民行政机关和公共服务部门。不少干达人在殖民时代上升为中产阶级。此外，由于南部班图部族的基督化和西化程度日益加深，英国人便向乌干达各地指派干达人官员，在进一步巩固了干达人的经济和政治权力的同时，催生了其他部族的反干达情绪，并在独立之际爆发了冲突。乌干达南部优越的自然环境，也让农耕的班图部族在该国新兴的现代经济中占据了核心地位。

乌干达北部的情况则截然相反。那里自然环境严苛，以卡拉莫琼人为代表的居民长期过着游牧生活，远离殖民时代的首都恩德培（1893 年至 1958 年间），并主要信奉伊斯兰教（以西北部为甚），因而不符合殖民者的需要，未能吸引来足够的投资或像南部那样种植经济作物，只是被视为劳动力的重要来源。欧洲人口主要居住在南部的现实，也使得北部获得的社会经济发展机会远少于南部，使得南部的经济发展领先于其他地区。总体而言，等到乌干达独立时，除了在军队中占有较大优势外，北部的开发水平远不如南部。

以上就是奥博特，一个来自北部的兰戈人，于 1962 年出

任乌干达总理时面对的社会经济环境。甫一就任，他便对干达人的政治和社会经济权力发起挑战。乌干达后殖民时代的首都坎帕拉就在布干达王国境内，奥博特政权从一开始就受其掣肘，具体体现在三个方面。首先，独立后的乌干达实行联邦宪法，给予土著王国充分的自治权，尤其是布干达。其次，奥博特的平民主义乌干达人民大会党与干达人的民族主义卡巴卡耶卡党（Kabaka Yekka，国王唯一党）组成了蹩脚的政治联盟，使得他难以靠制定法律来推动政策倡议。再次，这个政治联盟的权力基础在于，他不得不与布干达的卡巴卡穆特萨二世分享权力，尽管后者只是国家的名义元首、总统和武装力量总司令。

乌干达人民大会党与卡巴卡耶卡党的政治联盟最终于1964 年破裂，随之而来的是奥博特与卡巴卡穆特萨二世之间
的政治冲突。这一局面促使奥博特于 1966 年废除了联邦主义 17
的独立宪法，撤销总理一职，自己出任总统掌握行政大权，并中止了土著王国的联邦地位。他还火速提拔伊迪·阿明上校为陆军和空军参谋长，以取代忠于卡巴卡的夏班·奥博罗特准将（Brigadier Shaban Opolot）。在随后卡巴卡和干达人的抗议浪潮中，阿明控制的军队攻击了位于门戈山（Mengo Hill）的卡巴卡王宫，迫使其流亡英国。[18]尽管奥博特和阿明等人都娶了干达人为妻，但他们与干达人的对立已无法挽回，军队也在奥博特的作用下开始介入政治，最终导致了 1971 年至 1986 年间的政治内爆与流血事件。

虽然奥博特推翻了卡巴卡，但他在执政的乌干达人民大会党内部仍面临不同地方派系的挑战，伊迪·阿明也日益坐大，最终引起奥博特的不满，并于 1970 年剥夺了阿明的大部分权

力。1971 年奥博特前往新加坡访问，临行前给他在陆军的支持者下达密令逮捕阿明。可事件没有按计划进行，阿明发动军事政变推翻了奥博特，并自封为乌干达总统，就此拉开其 9 年残暴统治的帷幕。

在攫取权力后不久，阿明便攻击了境内的亚裔社群，试图将他们的经济权力夺走并转交给本地乌干达人。与此同时，他还开始清洗政治对手，范围逐渐扩展至他的几个妻子、内阁部长、神职人员和知识分子。始于 1971 年 1 月 25 日，止于 1979 年 4 月 11 日的阿明统治时期，共有超过 30 万乌干达人被杀，国民经济被彻底摧毁。他的暴政殃及国家的每个角落，触怒了来自不同社会、经济和宗教阶层的全体乌干达人，其中也包括他的穆斯林同胞。

1972 年 9 月，在坦桑尼亚的乌干达流亡势力入侵乌干达失败，未能推翻阿明的统治，却导致了乌坦关系恶化。1978 年 10 月，阿明入侵坦桑尼亚，占领并洗劫了卡盖拉地区，历时两个月之久。随后坦桑尼亚军队反攻至乌干达境内，在乌干达流亡势力，尤其是乌干达全国解放阵线（UNLF）的帮助下，将阿明的军队逼回坎帕拉，最终于 1979 年 4 月推翻阿明的统治。阿明经利比亚逃亡至沙特阿拉伯，并于 2003 年 8 月死在那里。推翻阿明以后，派系林立的乌解过渡政府上台，但只维持了不到两年时间。即使这样，这期间还是产生了两位总统：穆斯林优素福·卢勒（Yusufu Lule），1979 年 4 月 13 日
18 至 6 月 20 日在位；戈德弗雷·比奈萨（Godfrey Binaisa），1979 年 6 月 20 日至 1980 年 5 月 11 日在位。比奈萨又让位于保罗·穆旺加（Paul Muwanga）。他于 1980 年 5 月 12 日至 22

日之间短暂执政，之后由一个总统委员会代行总统职权（1980 年 5 月 22 日至 12 月 15 日）。

1980 年 12 月，在英联邦代表团的监督下，奥博特再次赢得总统大选，尽管他领导的联合人民大会党（UPC）被控选举舞弊。虽然奥博特的第二届任期长达近五年，从 1980 年 12 月 17 日起至 1985 年 7 月 27 日止，但他的表现并没有好过第一届。在重新掌权后不久，奥博特与乌解的部分成员发生矛盾，尤其是约韦里·穆塞韦尼。后者迅速建立了全国抵抗军（NRA）来反抗奥博特的统治。

就在此时，由巴齐利奥·奥拉拉·奥凯洛（Bazilio Olara Okello）率领的军人于 1985 年 7 月 27 日推翻了奥博特的第二
次统治，成立了有许多派系参加的军管会，独缺穆塞韦尼的全 19
国抵抗军。奥凯洛自任军管会主席，并兼任乌干达总统，但在三天后便让位于下一任主席蒂托·奥凯洛（Tito Okello，1985 年 7 月 29 日至 1986 年 1 月 26 日在位）。1985 年 12 月，全国抵抗军与军管会在肯尼亚内罗毕签署了和平协议，但全国抵抗军迅速撕毁协议，于 1986 年 1 月 25 日推翻了军管会的统治，推举约韦里·穆塞韦尼出任乌干达总统。尽管穆塞韦尼自 1986 年起便掌握了权力，但直到 1996 年他才首次正式赢得大选，并成为在位时间最长的乌干达总统。

穆塞韦尼政府成功地将乌干达恢复至正常状态，仅在尼罗河西岸和北部靠近苏丹的地区还有持续不断的冲突。在他的统治之下，该国绝大多数的基本社会经济制度得以重建。1943 年英国前首相温斯顿·丘吉尔（Winston Churchill）曾设想乌干达能成为“非洲的明珠”（Pearl of Africa），可时至今日，

仍有不少政治挑战阻碍着这个设想的实现。

文 化

乌干达文化的独特之处与其多元而又鲜明的部族、宗教和语言结构息息相关。该国多数人口为非洲黑人，此外有少量来自非洲以外的移民，尤以欧洲人、亚洲人和阿拉伯人居多。外国移民数量虽少，却是国民经济的支柱。前独裁者伊迪·阿明曾试图改变这个“不正常”的状况，于 20 世纪 70 年代初将亚裔社群驱逐出乌干达，但他的做法只能导致该国经济的崩溃。除了显而易见的黑色皮肤，乌干达的非洲本土居民之间尚有很大差异。多达 40 个不同的部族可以被分为四大类：班图人、尼罗人、尼罗—含米特人和苏丹人。班图人约占全国人口的 60%。而占人口 17% 的干达人，则是班图人里最大的一支，也是全国最大的部族。[19]

班图人数量众多，班图文化因此成为这个国家的主流文化。班图人多数从事定居农业，不同地区的语言可以基本互通。不少尼罗人、尼罗—含米特人和苏丹人也从事农业，但东北部的一支尼罗—含米特部族卡拉莫琼人却是游牧民，多数人以牧牛为生。在该国西南部靠近刚果民主共和国的森林地带，还生活着一小群游牧采集的俾格米（pygmies）和类俾格米（pygmoid）部族，他们是特瓦人（Batwa）和姆布提人（Bambuti）。

乌干达仍是一个农业社会，多数人与土地有着紧密的联系。他们耕种土地、放牧和狩猎，呈现出一种公社型

（communal）的社会形态。同不少撒哈拉以南非洲国家一样，
乌干达是一个有口述传统的社会，通过故事、音乐和舞蹈来传 20
递民间知识。不过，与外部世界的交流、媒体的影响和教育系
统的完善，正改变着许多这样的传统。

与乌干达的部族多样性相呼应的，是这个国家语言的多样性，因为每个部族都有他们自己的语言。不少人操着大部族的语言，譬如干达人的母语干达语，而为数众多的小部族的语言也保持了自身的地位。尽管乌干达人大多会说几门语言，团结起这个国家的语言却都来自外国。官方语言英语由英国殖民者引入乌干达。而斯瓦希里语，一种源自肯尼亚和坦桑尼亚沿海地区的语言，已传播至乌干达甚至中部非洲，并成为主流国际媒体（如美国之音和英国广播公司）的广播语种之一，有着乐观的前景，从而在乌干达，斯瓦希里语也被指定为一种全国性语言，但它的普及程度还远不如肯尼亚和坦桑尼亚。乌干达语言的多样性，以及主流本土语言的缺失，是造成 20 世纪 60 年代以来该国政治动荡的主要原因之一。

注释：

1. 中央情报局，《世界概况》，2005 年，http：//www. cia. gov/cia/publications/factbook/geos/ug. html。

2. 《光谱导游之乌干达》（内罗毕，肯尼亚，相机图片出版社，2004 年），第 278 ~ 279 页。另见国别研究之乌干达 2003 ~ 2005，http：//countrystudies. us/uganda/，以及联合循道宗教会全球牧师总委员会，“乌干达：国家资料”，1999 年 2 月 16 日，http：//gbgm-umc. org/africa/uganda/uprofile. html。

3. 理查德 · 恩齐塔、姆巴加—尼旺帕，《乌干达的民族和文化》

（坎帕拉，泉水出版社，1997 年）。另见中央情报局，《世界概况》，2005 年，以及国别研究之乌干达。

4. 道格拉斯·姆普加，“官方语言问题：乌干达的经验”，非洲语言研究项目夏季会议论文，杜恩斯庄园酒店和会议中心，大洋城，马里兰州，2003 年 7 月 1 日至 3 日，http：//www. umes. edu/english/newalp/pdf/douglasmpuga. pdf。

5. 吉塔乌·瓦里吉，“斯瓦希里语的无尽征程”，《每日国民报》，2005 年 10 月 2 日，http：//www. nationmedia. com/dailynation/。另见罗查·奇美拉，《斯瓦希里语：过去、现在和未来的领域》（内罗毕，肯尼亚，内罗毕大学出版社，1998 年）。

6. 乌干达共和国，教育和体育部，《1997 年 UPE 实施以来的小学入学率变化》，2003 年，http：//www. education. go. ug/。另见帕特里克·基里亚，“乌干达的非正式教育：走哪条路?”，非洲教育发展协会，2002 年，http://www. adeanet. org/wgnfe/publications/symposium-Maputo – 06 – 2002/NFEinUganda. doc。

7. A. B. K. 卡索齐、山姆·卡通古卡、弗罗伦斯·纳卡伊瓦，《2003 至 2015 高等教育战略计划》，第二稿（坎帕拉，教育和体育部，2003 年 6 月）。

8. 艾米丽·瓦克斯，“缺钱和加班，‘非洲哈佛’的教学斗争”，《华盛顿邮报》，2005 年 10 月 29 日，A17 版，可在线查阅 http：//www. washingtonpost. com。

9. 联合国儿童基金会，“乌干达的女孩教育”，2003 年，http：//www. unicef. org/girlseducation/files/Uganda_ 2003_ （w. corrections）. doc。

10. 乌干达统计局，“2002 年人口和住房普查”，2005 年，http：//www. ubos. org/。

11. 国别研究之乌干达。另见皮特·恩科迪—基扎、杰科布·阿尼库、克里斯蒂娜·格拉德温，“乌干达的性别和土壤肥沃度：男、女性农作区块土壤肥沃度指标的比较”，《非洲研究季刊》第 6 卷第 1 期，2002

年，http://web. africa. ufl. edu/asq/v6/v6i1a2. htm，以及乌干达出口促进委员会，“乌干达的出口”，2001 年，http://www. ugandaexportsonline. com/exports. htm。

12. 乌干达出口促进委员会，“乌干达的出口”，2001 年，http://www. ugandaexportsonline. com/exports. htm。

13. 乌干达统计局，“劳动力：1997 年劳动力普查主要结论的总结”，1997 年，http://www. ubos. org/l_ force2. html。

14. 乌干达主页，“乌干达的政府”，2003 年，http://www. government. go. ug/。

15. 国会图书馆国别研究，“乌干达：早期政治体制”，1990 年，http://lcweb2. loc. gov/cgi-bin/query/r? frd/cstdy: @ field (DOCID + ug0015)。

16. 阿米·奥玛拉—奥图努，《乌干达的政治和军事 1890 ~ 1985》（纽约，圣马丁出版社，1987 年）。

17. 同上；奥根加·奥图努，“阿乔利兰战争的起因和后果”，漫长的冲突、迟到的和平：结束乌干达北部暴力的倡议，协和杂志，2002 年，http://www. c-r. org/accord/uganda/accord11/index. shtml；亚当·塞福特，《乌干达：溅血的非洲明珠与为了和平的斗争》（兰塞里亚出版社，南非，百利非洲摄影集，1994 年）；亨利·基彦巴，《血之国：伊迪·阿明内幕》（纽约，王牌图书，1977 年）；以及艾利·马里·特里普，《乌干达的女性与政治》（麦迪逊，威斯康星大学出版社，2000 年）。

18. 奥博特需要阿明和军队来帮助他在政治上战胜卡巴卡，除此之外，阿明的火箭式崛起还要归功于 1964 年乌干达军队非洲士兵的哗变，因为他们工资低、晋升机会少。尽管在英国军队的援助下兵变很快被镇压，但阿明才是真正的受益人，他通过上涨工资和迅速提升几位非洲军官而买到了军队的效忠。从 1964 年至 1968 年，阿明从少校、上校、准将一路升至少将，并于 1966 年成为陆军和空军参谋长。

19. 恩齐塔、姆巴加—尼旺帕，《乌干达的民族和文化》。

21 二、宗教与世界观

世界观

和非洲的其他社会一样，乌干达人总体上非常虔诚。他们相信一个或多个更高的存在，信仰的宗教主要包括非洲传统宗教（African Traditional Religions）、基督教、伊斯兰教，以及糅合了各种宗教教义的教派。[1] 与西方人不同，多数乌干达人将肉体与灵性生命视为一个连续体（continuum），他们相信灵性世界与物质世界紧密相连，不可分割。因此，他们会将生活中的善与恶归因于不可见的灵性力量。乌干达人每每交谈，都乐意提及上帝或其他神祇，人越是传统就越会这样。此外，乌干达人也广泛参与宗教活动。

与西方的另一处不同在于，乌干达人生活的方方面面都渗透着宗教因素，无论是私人生活，如葬礼、婚礼和毕业典礼，还是公共生活，如独立庆典，都会有宗教仪式，如祷告、音乐剧、吟颂和舞蹈等。这些宗教仪式通常由宗教领袖主持，如基督教的教士和牧师，伊斯兰教的阿訇，传统宗教背景的萨满或巫医。宗教在乌干达社会和乌干达人的世界观中是如此重要，使得宗教领袖在全国上下备受尊崇，并成为制衡国家权力的重要力量。在乌干达乃至非洲地区，任何社会项目的成功，都离不开宗教领袖的参与。

乌干达的宗教版图主要可以分为三块：一、非洲传统宗教；二、世界宗教，如基督教、伊斯兰教、印度教、犹太教、 22
巴哈伊信仰（Baha'i）和锡克教等；三、新兴宗教，如非洲独立教会（African Independent Churches）。[2] 许多时候，乌干达人乐意将不同的宗教元素糅合在一起，从而创造出属于他们自己的独特的信仰体系。

尽管非洲传统宗教、基督教和伊斯兰教在乌干达共存了一个多世纪，但非洲传统宗教的势力已远不及基督教和伊斯兰教。目前85%的乌干达人是基督徒，12%是穆斯林，只有3%的人信仰非洲传统宗教、印度教、巴哈伊信仰、犹太教，或干脆无宗教信仰。绝大多数乌干达基督徒信奉罗马天主教（42%）或英国圣公会（36%）。剩下的7%信奉五旬节教派（Pentecostal 4.6%）、基督复临安息日会（Seventh-Day Adventists 1.5%）、摩门教、耶和华见证人（Jehovah's Witness）、浸礼宗或非洲独立教会。[3] 非洲独立教会常被主流基督教派视为邪教，却有力地反抗了欧洲人对乌干达及多数非洲国家基督教的控制，尤其是在殖民时代，以及独立早期。乌干达人可以自由地同时信仰基督教和传统信仰，这种习惯也与许多非洲国家，尤其是基督教为主的国家相似。[4]

乌干达的多数穆斯林属逊尼派，也有少部分亚裔什叶派，认阿迦汗（Aga Khan）为领袖。[①] 全球范围内伊斯兰教信众多数属逊尼派穆斯林（85%），剩下的才是什叶派穆斯林以及其他一些更小的教派。伊斯兰教的教派之争始于公元661年，争论的焦点在于谁才是宗教创始人穆罕默德的继承者。逊尼派主张哈里发（穆罕默德的继承者）应来自穆罕默德的老家古莱什部落（Quraysh），并由选举产生。逊尼派穆斯林尊崇历史上按照此规则产生的前四任哈里发（阿布·巴克尔632～634、奥马尔634～644、奥斯曼644～656、阿里656～661），因为他们的德行被视为最接近穆罕默德，可以成为穆斯林的行为规范。逊尼派的名称就来源于穆罕默德的圣行（sunna）。

相反，什叶派主张伊斯兰教的领袖应来自穆罕默德的家族，穆罕默德的堂弟和女婿阿里才是他的真正继承者。什叶派穆斯林尊崇穆罕默德家族，并将这种行为仪式化。他们的宗教领袖被称为伊玛目（imams）或阿亚图拉（ayatollahs 真主的象征），坚信最后一代伊玛目马赫迪会在审判日之前回归，恢复什叶派伊斯兰信仰。他们尊伊拉克的卡尔巴拉（Karbala）、纳杰夫（Najaf）以及伊朗的麦什德（Meshed）[②] 为圣城。在卡尔巴拉，每年都会举行节日纪念侯赛因·本·阿里（Husayn ibn Ali），他在与耶齐德（Yazid）争夺哈里发的过程中于公元680年被杀害于此地。这场战争被认为是逊尼派和什叶派彻底决裂的标志，侯赛因·本·阿里因而被认为是什叶派的创始人。

---

① 伊斯兰教什叶派伊斯玛仪派最高精神领袖的称号。——译者注

② 现名马什哈德（Mashhad）。——译者注

乌干达的亚裔，尤其是印度社群多信仰印度教各派，也有 23
部分穆斯林。在乌干达很少有无神论者。

本土宗教

在殖民者、基督教和伊斯兰教到来之前，乌干达人普遍信仰非洲传统宗教。近一个半世纪以后，在基督教和伊斯兰教的强大攻势下，真正信仰非洲传统宗教的人已寥寥无几。基督教组织以及部分穆斯林组织在此期间还为乌干达提供了极为重要的现代公共服务，如教育和医疗，从而进一步弱化了传统宗教的影响力。尤其是年轻一代，他们正愈发疏远传统的社会机制。

在传统社会，宗教训练是社会化进程的关键环节，是儿童和外来人口融入社会的门槛。可如今，多数儿童的成长和社会化完成于现代化的学校体系，他们接触本土宗教仪式的机会明显减少。许多现代青年甚至唾弃传统宗教仪式，而乐于接受教育机构为他们提供的现代宗教。由旅行和大众传媒带来的外部世界的讯息，也加速了乌干达传统宗教的衰落。

尽管乌干达部族间的传统宗教信仰和仪式千差万别，但它们也有许多共同点。首先，乌干达人都信仰一个遥远的、永恒的、全能的造物主，只有灵媒（如祭司）才能通神，神迹通常体现于壮观的自然力量，如日、月、雷、电、星、雨、虹，以及奇怪的岩石形状和巨树，后者往往被选为崇拜和祭祀的场地。

其次，与主流世界宗教不同，非洲传统宗教缺乏典籍，这主要是因为多数非洲传统社会没有发展出书写系统。因此，非洲传统宗教的核心教义只能在代际间口头流传。这种口述传统又使得教义在漫长的岁月里慢慢产生了变化。[5]

第三，非洲传统宗教很少有组织化的等级制度，也没有凌驾于地方祭司的超凡宗教领袖，内部非常民主。第四，非洲传统宗教用一套命令链（chain of command）来引导信众接近神祇，信众先借助人世间的祭司、占卜师和算命师与逝去的祖先（灵魂）建立联系，再通过后者最终获得神的旨意。第五，非
24 洲传统宗教仪式包含常规祈祷、酒祭和动物祭祀，以达到驱除恶灵、取悦神祇的目的。请注意，这里说的驱除恶灵，并不需要依靠巫术和人牲。第六，但凡信众的人生大事，均要在占卜师和算命师的帮助下询问神的旨意。

第七，非洲传统宗教有着强烈的善恶意识，无论行善还是作恶，都会有立即的后果。这种信仰起源于人对灵性力量的崇拜，认为它们时刻影响着日常生活。因此，此生的善行会取悦祖先灵魂和神祇，带来成功或好运，并确保人死之后也能位列祖先灵魂，成为活人与神祇间的媒介。相反，此生的恶行会触怒灵魂和神祇，招致诅咒，并在死后变为恶灵。一个人的恶行还会招徕鬼魂的纠缠，尤其是因他或她的原因而死于谋杀和巫术之下的冤魂。在非洲传统宗教里，鬼魂是回来报复活人的祖先灵魂。

对立即后果的信仰也是非洲传统宗教衰落的原因之一，因为这种教义在迅速现代化和基督化的乌干达遭到了怀疑，显得苍白无力。具体来说就是，在许多乌干达人眼里，传统宗教的神祇未能阻止欧洲人对他们的征服，从而失去了公信力。更致

命的是，传统神祇的失败凸显了欧洲基督教上帝的优越性，引发了当地人皈依基督教甚至是伊斯兰教的大潮，尤其是在后殖民时代。

第八，非洲传统宗教没有明确的天堂和地狱概念，尽管人活着的时候的行为决定了死后成为善灵还是恶灵这一点，与基督教和伊斯兰教等一神教的天堂地狱观有部分相似。最后，许多乌干达基督徒和穆斯林都相信巫术的强大力量。这也许是非洲传统宗教里最顽强的部分。就连不少城市精英都着迷于此，会向巫医寻求保护，使自己免于巫术的伤害。这种保护通常借助特制的小饰品、项链、手环、腰带和符咒来实现。[6]

尽管乌干达境内有许多不同的非洲传统宗教，但它们有着相似的基本形态。以下将以干达人的宗教为例来说明。

传统干达宗教

和其他非洲传统宗教一样，本土的干达宗教盛行于前殖民
时代。[7] 干达人相信神灵有等级，从上而下依次为造物主和众 25
神之父的最高存在“卡通达”（Katonda），守护者和圣人“卢巴莱”（Balubaale）和为数众多的低等级的死去祖先的灵魂“姆齐穆”（Mizimu）。卡通达被认为是一位遥远的神祇，通常不干涉人间事务。他从恩乔伏部落（Njovu“大象”）挑选祭

司“曼杜瓦”（Mandwa）①，并在基亚格韦县（Kyaggwe）的三个祭坛“纳玛库瓦”（Namakwa）、“布祖”（Buzu）和“布库莱”（Bukule）接受干达人的祭祀。

在卡通达之下是20多位守护者和圣人卢巴莱，他们活跃于人间，其中最强大的一位名叫穆旺加（Muwanga）。卢巴莱们被认为是干达人久远的先祖，活着的时候就拥有魔法。每位卢巴莱在世时都擅长一门魔法。因此，有可以操控地震的卢巴莱，也有掌握残疾、健康、婚姻与生育、财富、战争、长寿、疾病与死亡、狩猎、雨水与丰收、天花、瘟疫、分娩魔法的卢巴莱。卢巴莱们代表了人类试图掌控各种好的、坏的社会、经济和自然现象的愿望，在布干达王国各处都享有祭坛。[8]

在卢巴莱之下是为数众多的善意但低等级的死去祖先的灵魂姆齐穆，他们享受着经常性的祭祀。在过去，每个干达家庭都有过世祖先的祭坛，时常献上贡品以确保从这些“神祇”处获得持续不断的帮助。个人和部族大事（如发动战争）均须向拥有相应魔法的卢巴莱祈祷。卡巴卡穆特萨一世在位期间（1856年至1884年），基督教和伊斯兰教的到来开始削弱宫中和王国境内卢巴莱们的影响力，最终于20世纪初取而代之。

还有一类恶意的神灵，被认为寄居于某些自然物体内，如巨石、森林、怪树、溪流，甚至包括林莽这般危险的动物。应付它们的方法主要有回避和禁忌，即不去某些场所，也不在特

① 干达人神祇的名字也遵循干达语的词法，因此Balubaale是Lubaale的复数形式，Mizimu是Mzimu的复数形式，Mandwa的复数形式则为Bandwa。——译者注

定的时间做特定的事。许多禁忌也被用来树立良好的社会道德行为，因为很少被质疑。在极端情况下，若有人违反了禁忌，部族会严厉惩罚，以杜绝类似现象。

干达宗教为个人和部族的社会行为奠定了基础，确保了社会的健康运行，尤其是在前殖民时代。与其他非洲传统宗教一样，传统干达宗教在基督教和伊斯兰教到来的时代开始迅速衰落，其教义和仪式尤其遭到外来宗教的嘲讽。此外，殖民者的政治权力也帮助传播了基督教。由于传统干达宗教与社会紧密相连，宗教的衰落也导致了道德和社会的迅速滑坡，而外来宗 26
教却对此束手无策，因为它们的价值体系总是和干达人的传统宗教发生摩擦。因此，哪怕在基督教和伊斯兰教占主导地位的今天，它们也没能创造出如过去那样高度整合的社会体系。面对这种情况，已经有人开始尝试变革和复兴本土的干达宗教仪式。

乌干达的其他本土宗教

除了干达人，乌干达的其他本土部族也有他们自己的宗教。由于这个国家主要由班图部族组成，如干达人和尼奥罗人，所以干达宗教和其他部族宗教之间有很多相似之处。这些相似点甚至可以在尼罗—含米特人的宗教里找到，因为本土宗教的形成，往往与这些部族对相似自然环境的回应有关。[9]总的来说，多数乌干达人信仰一个全知、全在和全能的至高无上的造物主和神，他在创世之前的久远时代便已存在，永远不会消逝，如同天空那样高悬于大地之上。[10]

本土宗教及变化

本土宗教与它们生长的社会和地方环境密不可分，因此，任何社会或环境的变迁都会引发宗教的相应变化。如果一门宗教能跟上社会和环境变迁的步伐，那它就能生存下来，保持繁荣。如果它不能跟上社会和环境变迁的步伐，那它就难以生存。非洲传统宗教在乌干达的相对衰落，就是因为它们没能适应乌干达社会、文化和物理环境的迅速变迁，尤其是 19 世纪中叶欧洲人到来之后。

和其他非洲国家的情况一样，欧洲殖民者引入了全新的社会、宗教、政治和经济体系，逐步瓦解了传统乌干达社会。最终，非洲传统宗教丧失了活力，走向了衰落。结果是，在殖民时代的社会、政治和经济体系下成长的年轻一代慢慢疏远、最终抛弃了本土宗教，与此同时投入了外来欧洲宗教的怀抱。

伊斯兰教及其影响

伊斯兰教是最早传播至乌干达的非本土宗教。邻国肯尼亚
27 和坦桑尼亚的伊斯兰教经由印度洋海岸而来，与之不同的是，乌干达的伊斯兰教分别来自东方和北方。[11]约在 1848 年前后，桑给巴尔（Zanzibar）的阿拉伯奴隶贩子抵达卡巴卡的宫廷，带来了伊斯兰教。在卡巴卡穆特萨一世在位早期（1856 年至 1884 年），阿拉伯人成功地“转化”了穆特萨。尽管从未根据伊斯兰教义进行割礼，他还是修建了清真寺，推行了斋月（伊斯兰教的圣月），并时不时教授《古兰经》（伊斯兰教的圣书）。[12]穆特萨所谓的皈依，让布干达王国出现了两个国教，传

统干达宗教和伊斯兰教。这种情况持续了近 20 年，直到 19 世纪 70 年代基督教被引入卡巴卡的宫廷。

尽管卡巴卡穆特萨一世从未认真对待伊斯兰教，可他的一些近臣却成了虔诚的穆斯林。这些近臣因不净而拒绝食用卡巴卡赐予的肉类，以叛国罪殉教。卡巴卡穆特萨以基督徒制衡穆斯林，他的继任者姆旺加则反其道而行。组织更严密、装备更精良的穆斯林乘机壮大，推翻了姆旺加，驱逐了失势的基督徒，并扶植了一位新卡巴卡。这位卡巴卡迅速成为虔诚的穆斯林，并取名努呼·卡莱玛（Nuhu Kalema）。努呼是犹太教、基督教诺亚（Noah）的伊斯兰化名字。卡莱玛的短暂统治期间（1884 年至 1889 年），伊斯兰教在布干达王国迅速崛起，并企图强行将更多的干达人转化为穆斯林。与此同时，基督徒重整了力量，切断了穆斯林来自沿海的供给线，以废黜的卡巴卡姆旺加的名义联合起来，最终于 1889 年恢复了他的王位，并将穆斯林限制居住在王国的一小块区域。1893 年穆斯林曾发动政变企图夺回王位，自那以后他们被基督徒彻底排挤出社会经济和政治领域，这种情况一直持续到阿明于 1971 年出任乌干达总统。不过，卡巴卡卡莱玛的短暂统治依然巩固了伊斯兰教，尤其是沙斐仪派（Shafi'te）① 在布干达的势力。在今天的布干达、布索加、安科莱和首都坎帕拉地区，仍可以找到这些早期穆斯林皈依者的后代。

在北方，借着北非马立克派（Malikite）的势力，伊斯兰

① 逊尼派伊斯兰教的一种学派，通行于东非沿海地区。下文提及的马立克派是逊尼派的另一种学派。——译者注

教传播至了乌干达西北部的阿卢尔和卡库瓦部族。苏丹来的努比亚人也皈依了伊斯兰教，他们中的许多人后来加入了英国军队，帮助英国人于 19 世纪 70 年代殖民乌干达。[13] 当英国人于 1894 年将乌干达吞并为保护国时，这些士兵被用来镇压当地人的抵抗，并保护通往东非沿海的贸易生命线。[14] 努比亚士兵天性冷漠，有着迥异于本土居民的部族文化和语言，未能被彻
28 底转化为虔诚的穆斯林，但他们的后代仍是当代乌干达穆斯林的重要组成部分。这些士兵对乌干达宗教版图的影响贯穿了整个殖民时代，并延续至了后殖民时代。在 20 世纪 70 年代，他们和其他来自尼罗河西岸地区的穆斯林一起，被伊迪・阿明（一名卡库瓦穆斯林）用来巩固自身的统治。

由于在政治和社会经济领域长期被边缘化，许多乌干达穆斯林成了阿明 1971 年上台的支持者。不过，阿明的统治对他们、对伊斯兰教来说，并不完全是好消息。首先，他出任总统之时，乌干达的穆斯林人口远不如现在，派系对立（这种对立至今仍存在，即西北部的马立克派与南部的沙斐仪派间的对立），从而无法及时利用起阿明的总统权力。第二，尽管阿明将不少穆斯林提拔至政府和产业部门的要害职位，但当他于 1972 年驱逐亚裔，试图将国家经济交给本土居民时，并没有饶过亚裔穆斯林。第三，与 19 世纪的卡巴卡卡莱玛不同，阿明的表现不配作为穆斯林的榜样。他随意饮酒，不在清真寺娶妻；肆意解除穆斯林官员和宗教领袖的职位；亵渎伊斯兰节日，比如在斋月期间还执行公开处决；挪用建设清真寺和其他伊斯兰机构的资金。第四，他的残暴统治同时迫害了穆斯林和非穆斯林，导致 1979 年垮台后乌干达发生反穆斯林浪潮，更

多的穆斯林遭到迫害。最后，他的逃亡让他的许多穆斯林支持者，尤其是努比亚士兵们也被迫流亡国外，进一步减少了乌干达的少量穆斯林人口。[15]如今，穆斯林仍占乌干达人口的12%，如果他们能采取措施提升自己的社会和经济地位，那么在这个国家的影响力也会增强。

基督教及其影响

《纽约先驱报》记者亨利·莫顿·斯坦利（Henry Morton Stanley）被认为是将基督教传至乌干达的第一人。他在非洲的任务本是寻找著名英国探险家和传教士戴维·利文斯顿（David Livingstone）。他自1869年从今天坦桑尼亚沿海的巴加莫约（Bagamoyo）出发，于1871年在坦噶尼喀湖（Lake Tanganyika）沿岸的乌吉吉（Ujiji）找到利文斯顿。[16]斯坦利帮助利文斯顿于1872年起寻找尼罗河的源头。1874年至1877年，他抛下利文斯顿，前行至今天刚果民主共和国（前扎伊尔）的博马（Boma）。在此期间他途经了布干达王国和卡巴卡的宫廷。在他的众多随从中有一名非洲基督徒，名叫道灵顿· 29
斯考皮安·马富塔（Dallington Scopian Maftaa）。在这位曾是穆斯林的抄写员的帮助下，斯坦利为卡巴卡准备了一本删节版的斯瓦希里语《圣经》，并将马富塔留在那里向干达人传教。[17]不久之后的1875年11月15日，斯坦利于英国《每日电讯报》刊文招募传教士，英国圣公会差会（Church Missionary Society）布干达差会随即成立。[18]

布干达的王权不受本土宗教势力左右，因此卡巴卡穆特萨一世可以轻松地将各门宗教玩弄于股掌。斯坦利现身宫廷，使他有三门宗教可供挑选（传统干达宗教、伊斯兰教和基督教），以满足当下的政治、经济和军事需要。正如一篇文章说的那样：

> 有一段时间他（穆特萨）要求所有臣民拥护伊斯兰教；另一段时间他几乎成了一名新教徒；又过了一段时间，他让（法国罗马天主教）白人神父团以为成功说服了他。在内心深处，他没有信仰，是残忍无道的统治者。他死于1884年10月10日，那一天无论是对基督徒、穆罕默德教徒（穆斯林）还是异教徒（非洲传统宗教信仰者）来说，都没有什么好难过的。[19]

穆特萨多变的宗教信仰不久便引发了三门宗教间的冲突，它们都想争夺在宫廷的主导地位。对此心知肚明的穆特萨学会了利用这种宗教竞争。比如，当得知奥斯曼埃及①对今天乌干
30 达北部野心不断时，他便扶持欧洲基督教作为一种政治力量抗衡穆斯林入侵，并从他们那里获取技术援助。[20]尽管布干达境内的基督徒也派系林立，但卡巴卡还是决定依靠他们，他给出的理由是，基督徒的科技水平领先，因此他们的宗教就比伊斯兰教和本土传统宗教更先进。不过，卡巴卡穆特萨和他的儿子姆旺加从未完全倒向任何一门外来宗教，由此激发了政治和宗教领域公开的竞争与冲突，导致了1875年至1892年间的长时

① 埃及当时处于穆罕默德·阿里王朝时期，只是在名义上从属于奥斯曼帝国。——译者注

间内战和政治混乱。[21]

这些冲突的产生，部分是因为穆斯林攻击布干达王国，但更多源自法国罗马天主教和英国新教之间的竞争。如果这两派基督教起源自同一个国家，比如英国，也许就不会有那么多冲突，乌干达的基督教事业也会变得顺利许多。基督教派系间的公开对立直到1890年才告一段落。弗里德里克·卢嘉上尉于这一年代表不列颠东非公司来到布干达，正式开启了英国殖民该国的进程。[22]除了结束乌干达的公开宗教对立外，英国殖民者还促成了基督教在当地的大发展，彻底击碎了穆斯林控制这个国家的希望。[23]基督教扩张迅速，到了1901年，新教徒已经建立起超200所教堂，包括2万多名成员、50名欧洲职员、20个传教站和2400多位当地教师。他们还印发了几千册《圣经》译本。与此同时，罗马天主教徒也在各地区建立了17个传教站，在首都建造了一座石砌大教堂，并在全国上下设有约450处朝觐点。[24]这一时期的大发展为基督教成为今天乌干达宗教和国民生活的主流奠定了基础。

以上这些历史事件决定了今天乌干达的宗教版图，其中，85%的乌干达人是基督徒，12%是穆斯林，剩下的3%信仰本土传统宗教、印度教、巴哈伊信仰或犹太教，以及无宗教信仰的人。尽管新教徒（尤其是英国圣公会）和罗马天主教徒几乎各占乌干达基督教的半壁江山，也有人信奉一些更小的派别。[25]

其他宗教运动

乌干达除了有基督教、伊斯兰教和非洲传统宗教，还有一些规模更小的宗教活动，如印度教和佛教。此外还有糅合了基督教和传统宗教元素的新的混合教派。这些教派通常被主流宗教视为邪教，如圣灵运动（Holy Spirit Movement）、千禧宗（Millenarian Religion）、雅坎宗（Yakan）和恢复上帝十诫运动（Movement for the Restoration of the Ten Commandments of God）等。

31 圣灵运动20世纪80年代兴起于乌干达的阿乔利地区，由一名女先知艾丽丝·拉科韦纳（Alice Lakwena）领导。这个地区在奥博特和阿明统治的此前20年里经受了深重的苦难，是这场运动的社会基础。在绝望中，运动的追随者被告知身抹食用油可以防弹，而掷向政府军士兵的石块和瓶子也会变成手榴弹。许多拉科韦纳的追随者因此在与政府军的交火中丧生。最终，拉科韦纳逃到了肯尼亚，在那里入狱，她的表弟约瑟夫·科尼（Joseph Kony）则继承了她的地位。

雅坎宗是另一个类似但历史更久远的宗教运动，19世纪90年代末发源于乌干达西北部。在那个年代，一支名叫卡库瓦的当地部族长期面临传染病和阿拉伯奴隶贩子的威胁，而日益扩张的欧洲殖民势力也对他们产生了兴趣。受这些外部势力所迫，卡库瓦人不得不求助于雅坎宗。通过饮用雅坎圣水，这个邪教许诺他们健康、永生，并迎来祖先和死去牲畜的回归。雅坎宗的领袖还让笃信者们相信可以免于欧洲人子弹的伤害，并最终推翻殖民者的统治。英国人曾试图取缔这门邪教，可禁令却难以执行，最终不得不承认它的合法性，雅坎宗自此开始扩张。

雅坎宗的诸多承诺诚然无法兑现，可它却为遭受疾病、饥荒、奴役和外族入侵的部族带来了亟需的心理慰藉。在20世纪早期的兴盛期，它的领袖攫取了政治权力，并发动了叛乱。这场叛乱不久便被殖民军队镇压，雅坎宗也相应地衰落下去。直到20世纪80年代，它又借着千禧宗的教义再现于饱受战争创伤的乌干达。[26]

宗教与政治

19世纪70年代，为控制卡巴卡穆特萨的宫廷，非洲传统宗教、基督教和伊斯兰教势力爆发了“三教之争”。从那以后，宗教和政治开始在乌干达变得密不可分。事实上，早年的宗教冲突在很大程度上即是政治冲突，因为他们知道，对卡巴卡的控制有益于自身派别的发展。所以，自现代乌干达形成以来，宗教间的派系之争就等同于政治派系之争。[27]尽管谁都未能迅速控制卡巴卡的宫廷，但基督教和伊斯兰教还是成功改变了某些酋长的信仰，促进了这两门宗教的扩张。

新教徒最终在宗教竞争中脱颖而出。他们的英国同胞殖民 32
了乌干达，在很长一段时间内清除了罗马天主教和伊斯兰教的政治影响。即便殖民当局奉行世俗主义，理论上应支持所有宗教的活动，但事实上在整个殖民时代，新教徒、天主教徒和穆斯林间存在着宗教上和政治上的等级制度。罗马天主教和伊斯兰教发展受挫，因为殖民者在县级和次县级（subcounty）政府主要拉拢新教徒酋长，进一步扩大了新教徒在这个国家的势力。1920年，布索加的46名酋长中有40名是新教徒，只有4名天主教徒和2名穆斯林。[28]更有甚者，为了确保未来的酋长们也能拥护殖民统治，殖民者会将年轻酋长和他们的儿子送往乌干达境内外的新教学校接受教育。

天主教徒和穆斯林十分清楚这种不公正的政治环境，可他们没有足够多的政治精英和足够强大的势力去挑战它。这种情况一直持续到20世纪20年代，信仰天主教的精英开始崛起，向新教徒把持的政府施压，最终在40年代有了更多的天主教徒酋长进入政府。而穆斯林却没有那么幸运。

直到独立前夕，新教徒仍主导着乌干达政治，标志性事件即是奥博特组建了强大的乌干达国民大会党（UNC，后改名人民大会党）。天主教徒成立了民主党予以反击。虽然国民大会党在60年代早期变得左倾，吸收了非新教徒党员而失去了鲜明的新教色彩，可它还是击败了对手，赢得了独立后的首次选举。包容性的增强使得国民大会党开始失去早期的支持者，它不得不修改自身的左倾意识形态，但没有将其完全抛弃。奥博特之后曾借助这种左倾思想，试图创造一种属于他自己的世俗信条，以便在独立年代早期就能动员起整个国家。[29]

伊迪·阿明于1971年1月25日推翻了奥博特总统。许多穆斯林受到鼓舞，觉得终于有自己的同胞成了总统。最开始，尽管阿明承诺要建立一个宗教中立的国家，但他却帮助穆斯林获取了与他们少量人口不相称的大量资源。这让许多穆斯林满怀期望，以为阿明可以实现乌干达的伊斯兰化，正如之前的基督徒领导人实现这个国家的基督化那样。可惜他们的喜悦和希望不久便破灭。在卡库瓦穆斯林同族和苏丹努比亚联军士兵的帮助下，阿明很快就启动了他的恐怖统治，杀害了约30万至50万乌干达人，而不管他们是否是穆斯林。[30]基督徒、尤其是天主教徒尤其遭到迫害，因为阿明的努比亚穆斯林士兵认为他们是乌干达伊斯兰化的最大障碍。[31]阿明于1979年被推翻并流亡海外，这对所有乌干达人，无论他们信仰什么宗教，都是一个值得宽慰的消息。

1979年至1986年间，乌干达经历了一段穆斯林和基督徒领导人的快速更迭期，最终确保总统职位的是约韦里·穆塞韦尼。在他推翻了由蒂托·奥凯洛领导的军管会、登上总统宝座后不久，便试图清除宗教政党和部族政党的政治权力。他禁止了这个国家所有政党的活动，将自己领导的叛军全国抵抗军转变为执政实体全国抵抗运动（National Resistance Movement）。截至1996年的十年间，穆塞韦尼以总统法令治国（by decree），并于当年在几乎没有反对派的情况下首次赢得大选。2002年，他的政府通过了《政治组织法》，其中限制组建宗教政党的条款，大大削弱了宗教对政治的影响。[32]为了进一步分离乌干达的政治与宗教，穆塞韦尼政府还为这个国家颁布了一部世俗主义宪法，并尽量保持宗教中立。只有时间才能证明，危害这个国家的宗教竞争是否已终结，以及，不同的宗教势力是否能以一种积极的姿态参与政治活动。

注释：

1. 约翰·S. 姆比蒂，《非洲宗教简介》（伦敦，海因曼教育图书，1975年）。另见约翰·S. 姆比蒂，《非洲的宗教和哲学》（花园城，纽约州，船锚图书，1970年）；萨缪尔·奥卢奥奇·因波，《非洲哲学简介》（兰汉姆，马里兰州，罗曼和利特尔菲尔德，1998年）。

2. 马里奥·伊格纳奇奥·阿奎拉尔，“撒哈拉以南非洲宗教通论”，“电子媒体和宗教”项目百科，1998年，http：//philtar. ucsm. ac. uk/encyclopedia/sub/geness. html。

3. 乌干达统计局，“2002 年人口和住房普查”，2005 年，http：//www. ubos. org。

4. 莉莉安·阿什克拉夫特—伊森、L. 吉索维·伊库科米·伊森，“本土宗教和哲学”，《当代非洲》第 5 卷，托因·法罗拉主编（达勒姆，北卡罗来纳州，卡罗来纳学术出版社，2003 年），第 553 ~583 页。

5. 奇迪·丹尼斯·伊西佐，“基督教与非洲传统宗教信徒对话的动机 1999 ~2005”，http：//www. afrikaworld. net/afrel/ motivation. html。

6. 宾夕法尼亚大学非洲研究中心，“东非生活百科”，2004 年，http：//www. africa. upenn. edu/NEH/neh. html。

7. 穆卡萨·E. 塞玛库拉，“布干达的本土宗教”，http：//www. buganda. com/eddiini. htm。

8. 艾勒瓦德·肖特尔，《东非社会》（波士顿，罗德里奇和基根·保罗出版社，1974 年，第 84 页。

9. 同上。

10. 同上。

11. 国别研究之乌干达 2003 ~ 2005，http：//countrystudies. us/ uganda/。伊丽莎白·伊西切，《非洲基督教史：从古代到现在》（大急流城，密歇根州，埃尔德曼出版社，1995 年），第 146 页。

12. 伊西切，《基督教史》。

13. 约翰·A. 罗威，“伊迪·阿明治下的伊斯兰：似曾相识?”，《今日乌干达：衰退与发展之间》，霍尔格·博恩特·汉森、迈克尔·图瓦德尔主编（伦敦，凯瑞出版社，1988 年），第 267 ~279 页。

14. 使用不同人种、部族和宗教背景的非本土士兵，是英国在乌干达等国殖民政策的核心之一，保证了军队的忠诚，阻止了他们加入本地人的反英同盟。阿米·奥玛拉—奥图努，《乌干达的政治和军事 1890 ~1985》（纽约，圣马丁出版社，1987），第 14、24 页。

15. 罗威，“伊迪·阿明治下的伊斯兰”。

16. “斯坦利和利文斯顿”，2002 年，http：//de. essortment. com/

davidlivingston_ rhif. htm。

17. 伊西切,《基督教史》,第 145 页。

18. A. F. 默克勒—费里曼,“基督教在乌干达”,《皇家非洲学会期刊》第 2 卷第 7 期,1903 年 4 月,第 276 ~ 291 页。

19. 同上,第 279 页。

20. 伊西切,《基督教史》,第 145 页。

21. 默克勒—费里曼,“基督教在乌干达”,第 276 ~ 289 页。

22. 同上,第 284 页。

23. 阿里 · A. 马兹鲁伊,“乌干达的宗教外乡人:从艾明 · 帕夏到阿明 · 达达”,《非洲事务》第 76 卷第 302 期,1977 年 1 月,第 25 页。

24. 默克勒—费里曼,“基督教在乌干达”,第 290 页。

25. 美国国务院民主、人权和劳工事务局,“国际宗教自由报告 2002(乌干达)”,http://www. state. gov/g/ drl/rls/irf/2002/13861. htm。

26. 国别研究,“千禧宗 2003 ~ 2005”,http://countrystud-ies. us/uganda/32. htm。

27. 马兹鲁伊,“宗教外乡人”,第 24 页。

28. 丹 · 穆杜拉,“乌干达的宗教和政治:以布索加为例 1900 ~ 1962”,《非洲事务》第 77 卷第 306 期,1978 年 1 月,第 23 页。

29. 马兹鲁伊,“宗教外乡人”,第 26 ~ 30 页。

30. 戴维 · 格温,《伊迪 · 阿明:非洲的灾难》(波士顿,里特尔和布朗出版社,1977 年),第 11、27、111 页。

31. 同上,第 112 页。

32. 美国国务院,“国际宗教自由报告 2003”,http://www. state. gov/g/drl/rls/irf/2003/23759. htm。

35 # 三、文学、电影与媒体

口述文学

如同非洲其他地方，口述文学是乌干达文化的核心特征，因为这个国家直到殖民时代才开始出现书面交流。即便正规教育正变得普及，书面交流也不太可能在乌干达成为主流，因为这个国家还需要很多年才能实现彻底扫盲。乌干达的长期动乱也阻碍了书面交流的发展，剥夺了许多人上学的机会。因此，口述文学依然是乌干达文化传播的一种重要模式。

口述文学有不少形式，包括歌曲、诗歌、谚语、禁忌、谜语、传说、故事、神话、舞台剧等。它是乌干达社会学习、教育和社会化的一种主要方式，尤其是在农村地区。口述文学仍在不断更新，以回应当下的需要。[1] 尽管书面交流已经变得稀松平常，口述文学在乌干达社会依旧极为重要，“每当一名老人去世，就带走一座图书馆”。毕竟许多知识未能以印刷品或其他更为耐久的方式保存下来。[2]

本土语言文学

在乌干达，用本土语言写作的文学数量有限，这是由不利于本土语言的“出版界的政治和经济学”造成的。[3] 乌干达市场对本土语言材料的需求过小，难以维持出版利润，而无论是 36
殖民政府还是后殖民政府，都反对本土语言文学的发展，视其为一个多元而现代的国家文化的反面，或政治反叛的潜在载体。在此基础上，乌干达人还普遍认为，未受过教育的人才是本土语言出版物和媒体的受众，受过良好教育的人应该阅读英语材料。现存的本土语言文学库因此非常之小，其中包括已故作家奥考特·普比特克（Okot p'Bitek）创作的《白牙》（Lak Tar）、《拉维诺之歌》（Song of Lawino）和《奥乔之歌》（Song of Ocol）。后两部作品均以卢奥语写作和出版，后被翻译为英语。倘若乌干达的全部口述文学都能用本土语言出版，那将创造一座足以使该国英语文学黯然失色的伟大书库。

英语文学

绝大多数的乌干达出版物都使用英语。这里按女性作家、男性作家和诗歌的大致分类作介绍。

女性作家

和其他东非国家类似，乌干达的女性作家也很少，因为无论是在殖民时代还是后殖民时代，女性都缺少受教育的机会，同时还要承担作为母亲和看护人的沉重社会责任。尽管如此，乌干达还是培育了一些杰出的女性作家，如芭芭拉·基梅尼耶（Barbara Kimenye，1930～）、葛雷蒂·基奥穆赫恩多（Goretti Kyomuhendo）、玛丽·卡罗罗·奥库鲁特（Mary Karooro Okurut）、罗斯·卢阿卡西西（Rose Rwakasisi）、莉莉安·汀蒂耶布瓦（Lillian Tindyebwa）、霍普·凯舒比（Hope Keshubi）、雷吉娜·阿莫罗（Regina Amollo）、克里斯汀·奥瑞耶玛—拉罗博（Christine Oryema-Lalobo）、维奥莱特·巴隆吉（Violet Barungi）、简·奥考特·普比特克（Jane Okot p'Bitek）。[4,5]除了芭芭拉和简，其余女性作家都在20世纪90年代以后才开始发表作品。这要归功于1996年成立的乌干达女性作家联合会（Femrite），它帮助这个国家的女性作家向男性主宰的文字领域发起挑战。如果说近年来女性作家数量的增长体现了什么的话，这恰好表明该组织的奋斗目标正逐步得以实现。以下是部分作家作品的简要介绍。

芭芭拉·基梅尼耶是迄今最多产、最知名的乌干达女作家，作品主要面向儿童和青少年。她于1930年生于英格兰①，加入过约克郡的一座女修道院，后在伦敦受训成为一名护士。之后她来到东非，在发现自己的儿童故事作家天分之前曾短暂
37 做过记者。[6]她创作了超25部面向学龄儿童的短篇故事集，如著名的摩西系列，讲述了一个名叫摩西的肯尼亚男孩的历险

① 本书英文原版发行之际芭芭拉·基梅尼耶尚在人世，后于2012年去世，准确的生卒年份应为1929年至2012年，原作者引用的出生年份有误。——译者注

记。全系列共有十多册，包括 1967 年的《摩西和米德莉》（Moses and Mildred）、1968 年的《摩西和绑匪》（Moses and the Kidnappers）和《困境中的摩西》（Moses in Trouble），以及 1969 年的《摩西》（Moses）等。她的其他畅销作品还有 1966 年的《走私犯》（The Smugglers）、1978 年的《宝石奇缘》（The Gemstone Affair）和《独家新闻》（The Scoop）等。这些故事虽然是虚构的，却以当时东非的社会经济状况为大背景。其中一部，《圣树之战》（The Battle of the Sacred Tree）还被制作成故事片搬上了荧幕。有人批评基梅尼耶的非洲村庄故事充斥着欧洲人的幻想，可她的书依旧深受东非学龄儿童的喜爱。

乌干达的不少新秀女作家继承了基梅尼耶开创的儿童文学题材，于近些年出版了许多作品。罗斯·卢阿卡西西创作了面向儿童和青年读者的故事书，如 1993 年的《化友为敌》（How Friends Became Enemies）、1994 年的《老妪与贝壳》（The Old Woman and the Shell）、2002 年的《雨后阳光》（Sunshine after Rain）和 2004 年的《山羊失去美丽尾巴的故事》（How Goats Lost Their Beautiful Tails）等。《老妪与贝壳》讲述了老妇人拾到一只会魔法的贝壳，只要她信守承诺，贝壳就会不断供养她的故事，旨在教育儿童要守信。《化友为敌》是一本乌干达各地民间故事的再演绎故事集。《山羊失去美丽尾巴的故事》是一则寓言，讲的是山羊和绵羊间的争斗，意在告诉儿童嫉妒心的破坏力。《雨后阳光》取材于乌干达的艾滋病危机，告诫年轻人从感染者身上吸取教训，以免成为新的受害者。卢阿卡西西的许多故事致力于将乌干达丰富的文化遗产传递给孩子们。

年轻一代女作家的作品还触及了当代乌干达的社会问题。葛莱蒂·基奥穆赫恩多 1996 年的小说《长女》（The First Daughter）讲述了一名叫做卡塞米雷（Kasemiire）的女孩的故事，借以反映女性教育在乌干达面临的挑战。在这个故事中，卡塞米雷的父亲送她去上学，父亲的朋友们却嘲讽这种投资完全是浪费。多数乌干达部族都忽视女性教育，因为传统文化认为女孩受教育的最终受益者是她丈夫的家庭。不出所料，卡塞米雷在考试前怀孕，羞辱并激怒了她的父亲。这在乌干达也是常见的现象。但她最终还是克服了种种苦难，获得了成功。[7] 基奥穆赫恩多 1999 年的另一部小说《不再有秘密》（Secrets No More）揭露了儿童在乌干达及邻国内战中遭受的苦难。在这部小说里，一名卢旺达女孩在内战中失去了双亲，被迫住进了孤儿院，不久便有了身孕。她决定逃离孤儿院，去城市开始新的生活。

38 维奥莱特·巴隆吉 1999 年的小说《卡珊德拉》（Cassandra），挑战了传统乌干达社会置于女性的种种枷锁。以混乱的 20 世纪 80 年代为背景，卡珊德拉讲述了一名自信而坚定的乌干达女孩的故事。她试图冲破传统女性角色的桎梏，不依靠男人帮助而在社会其他领域取得成功。但她的计划因爱情的到来而变得异常艰难。

简·卡贝鲁卡（Jane Kaberuka）1999 年的作品《沉默的病人》（Silent Patience）探讨了东非的性别歧视和宗派主义现象。以卢旺达为背景，这部小说讲述了一个跨越几代人的故事。年轻女孩斯泰拉（Stella）因社会传统而被迫辍学，并被安排嫁给了一个她从未见过的图西族（Tutsi）老头。所幸的是的，斯泰拉所处的社会开始意识到性别歧视、社会传统和社会分裂带来的负面影响，逐渐做出了妥协。

已故的霍普·凯舒比 1997 年的小说《独行》（Going Solo）讲述的是一名现代乌干达女性多琳（Doreen）的故事。她的丈夫被武装分子绑架，丈夫的兄弟们又欺负她，身无分文的她被迫走上独立生活的道路。多琳后来成了一名老师，却还要面对两位腐化校长的虐待。她最终克服重重困难坚持了下来。

玛丽·卡罗罗·奥库鲁特近年发表过两部作品，1998 年的《隐形的象鼻虫》（The Invisible Weevil）和 2003 年的《正房妻子》（The Official Wife）。《隐形的象鼻虫》探讨了乌干达独立以来可怕的政治历程。而《正房妻子》则批判了一夫多妻制，回归到了当代乌干达女作家为之团结的主题——现代乌干达女性面临的诸多挑战。和奥考特·普比特克的《拉维诺之歌》相呼应，奥库鲁特向这种婚姻制度、向乌干达人对西方文化的幼稚理解发起了挑战。

还有许多出名的乌干达女作家，她们对乌干达人感兴趣的各种主题都进行了探讨。如莉莉安·汀蒂耶布瓦 2000 年的《灾难配方》（Recipe for Disaster），讨论了女性话题和物质主义的危害；简·奥考特·普比特克 1994 年的《告别之歌》（Song of Farewell）和苏珊·基古利（Susan Kiguli）1998 年的诗集《非洲传说》反映了日常乌干达人生活面临的挑战；克里斯汀·奥瑞耶玛—拉罗博 1999 年的《心无定所》（No Hearts at Home）揭露了战争对儿童的伤害；米德莉·基孔科·巴瑞亚（Mildred Kiconco Barya）2002 年的《男人爱巧克力，但他们不说》（Men Love Chocolates but They Don't Say）则有关浪漫和男性气概的主题；最后，雷吉纳·阿莫罗 1999 年的《欢笑季节》（A Season of Mirth）和阿耶塔·旺古萨（Ayeta Wangusa）1998 年的《一位母亲的回忆录》（Memoirs of a Mother）涉及了男性沙文主义和女性受到的压迫。[8]

男性作家

乌干达主流男性作家有奥斯汀·布肯尼亚（Austin Bukenya，1944～）、奥考特·普比特克（1931～1982）、塔班·洛·里永（Taban lo Liyong，1939～）、约翰·鲁干达（John 39 Ruganda，1941～）、邦尼·卢贝加（Bonnie Lubega，1929～）、克里夫·卢布瓦·普琼（Cliff Lubwa p'Chong，1946～）、约翰·纳干达（John Nagenda，1938～）、皮特·纳扎雷斯（Peter Nazareth，1940～）、理查德·卡尔·恩蒂鲁（Richard Carl Ntiru，1946～）、奥凯洛·奥库里（Okello Oculi，1942～）、乔治·塞雷姆巴（George Seremba，1957～）、埃内里科·塞鲁玛（Eneriko Seruma，又名亨利·S. 金布戈韦 Henry S. Kimbugwe，1944～）、罗伯特·塞鲁玛加（Robert Serumaga，1939～1980）、巴巴杜尔·特贾尼（Babadur Tejani，1942～），以及蒂莫西·旺古萨（Timothy Wangusa，1942～）。这些作家的作品多数面向成年读者，关注当代的社会、政治和经济议题，亦对殖民时代以来受西方影响而衰落的非洲文化忧心忡忡。在他们中，奥考特·普比特克、塔班·洛·里永、约翰·鲁干达和邦尼·卢贝加的名气较大，故下文将对此四人作详细介绍。

奥考特·普比特克也许是乌干达最著名的文学家。他

1931 年出生于古卢，先后就读于古卢高中、布多国王学院（King's College Budo）和姆巴拉拉官方教师培训学院。毕业之后，他曾在古卢附近的萨缪尔·贝克爵士学校（Sir Samuel Baker School）教授英语和宗教，并加入了当地的一个基督教社团。他在许多领域都极具天分：教育、唱诗班指挥、歌剧作曲和制片、演员、政治家、职业足球运动员、剧作家、社团活动组织者。他的职业足球运动员身份让他于 1958 年取得了前往英国的机会。后来他留在了英国，先后在布里斯托尔大学学习教育学、在威尔士的阿伯里斯特威斯大学（Aberystwyth）学习法律（他在那里放弃了基督教信仰），以及在牛津大学学习人类学。

他在牛津的论文有关阿乔利和兰戈部族的传统歌谣。学成之后他回到了乌干达，在古卢创办了一个艺术节，并在 1966 年移居坎帕拉，成为乌干达文化中心的主任。70 年代早期，他因批评伊迪·阿明政权而被解职，被迫流亡肯尼亚，在内罗毕大学教授文学。流亡这件事对他来说也许并非坏事，因为许多同龄人都在 1970 年至 1979 年阿明统治时期死于非命。1979 年，随着阿明被推翻，普比特克结束流亡归来，在麦克雷雷大学教授创意写作（creative writing），直至 1982 年去世。普比特克的文学作品包括小说《白牙》（英语版出版于 1989 年，译自 1953 年的阿乔利语版本），及之后的系列诗作：《拉维诺之歌》（阿乔利语版出版于 1956 年，英语版出版于 1966 年）、1970 年的《奥乔之歌》、1971 年的《双歌集：囚犯之歌和玛拉雅之歌》(Two Songs: Song of a Prisoner and Song of Malaya)①、1974 年的《爱人的号角》(The Horn of My Love)。[9]《双歌集》总的来说批判了富人对穷人的剥削，但《囚犯之歌》的思想更为明确——献给 1961 年被害的前刚果民主共和国（扎伊尔）总理帕特里斯·卢蒙巴（Patrice Lumumba)。小说《白牙》则是关于一名阿乔利青年的故事，为了赚够娶妻的礼金，他从乡下来到坎帕拉工作。虽然初稿完成于 20 世纪 50 年代，这部小说却成功预言了乌干达在快速现代化进程中
40 出现的彩礼危机。目前乌干达的彩礼金额畸高，政府甚至有意立法加以限制。

《拉维诺之歌》和《奥乔之歌》是普比特克最著名的作品，前者更是英语世界篇幅最长、影响最大的非洲诗歌。《拉维诺之歌》讲的是一对阿乔利夫妻——拉维诺及其丈夫奥乔的故事，揭露了西方殖民主义和西方文化给非洲带来了恶果。拉维诺是一名传统的阿乔利主妇，她的丈夫为了讨好新娶的年轻妻子而抛弃了她。新妻子名叫克莱门汀（Clementine)，是一名现代（西化）女性，受过良好教育，会说英语，举手投足间就像一位白人女士。在诗中，拉维诺描述了克莱门汀到来前后家庭生活的变化，清晰地反映出欧洲人强加于传统非洲的社会、文化和经济秩序。她在传统阿乔利社会练就的社交和文化技能在国家快速现代化的进程中已经失效，甚至反过头来不利于她的生存。使她悲伤的事有很多，比如，她资助了丈夫奥

① 亦可译为《妓女之歌》。玛拉雅既是诗中主人公的名字，也是阿乔利语和斯瓦希里语中表示妓女的单词。——译者注

乔上学，却在丈夫毕业之际被抛弃，因为她不识字、“落后”，而丈夫想要迎娶受过教育的、“有教养”的克莱门汀。

在《奥乔之歌》中，奥乔对自己在14年前的《拉维诺之歌》中遭到的批评做出了回应。他没有正面回答拉维诺的质问，而是指责她非西式的生活方式太“落后”。他也趁此机会贬低了非洲文化和传统，表达了自己对西方文化的仰慕，他认为西方文化终有一天会占领整个非洲。不过在现实中，奥乔预言的非洲文化的溃败并没有发生，因为他高估了西方文化的实力。更是由于《奥乔之歌》比《拉维诺之歌》晚了14年才发表，其中的许多问题已尘封进了历史。譬如，就在《奥乔之歌》发表的1970年，乌干达已独立八年之久，正着手修复殖民主义造成的文化破坏。尽管普比特克在《奥乔之歌》的创作上出现了失误，但这并没有动摇他乌干达最重要作家之一的地位，其影响远远超越了乌干达的国境线。他也激励了许多年轻的作者，引导他们感知并开发自己的天分，来传播和延续非洲文化中那些积极的因素。

塔班·洛·里永出生在苏丹，后由父母带回乌干达抚养。他发表了超14部小说、戏剧和社会评论。他的写作旨在保护非洲文化，鼓励非洲人书写非洲故事，打破外国人在这个领域的垄断。主要作品有1969年的《最后的话》（The Last Word）和《小说与故事——卢奥神话与民间故事集》（Fixions & Other Stories-A Compilation of Luo Mythologies and Folktales）、1971年的《弗朗茨·法农弯曲的脊梁》（Frantz Fanon's Uneven Ribs）、1972年的《又死了个黑鬼》（Another Nigger Dead）、1973年的《对敌人的十三次攻击》（Thirteen Offensives against 41

Our Enemies)、1976 年的《欠发展叙事诗》(Ballads of Underdevelopment)、1990 年的《最后的话·新篇》(Another Last Word)、1991 年的《生锈中的文化》(Culture Is Rustan),以及 1992 年的《沙姆巴特的牛群：苏丹诗歌集》(The Cows of Shambat：Sudanese Poems)。里永被认为是当代乌干达最伟大的文学家，其作品立意深刻、题材多变。

约翰·鲁干达发表过两部小说，《黑曼巴》(Black Mamba)和《死神契约》(Covenant with Death)，均出版于 1973 年。在戏剧创作上，他于 1972 年发表了代表作《负担》(The Burdens)，之后陆续在 1980 年发表了《洪水》(The Floods)、1982 年《音乐不需要眼泪》(Music without Tears)和 1986 年《沉默的回声》(Echoes of Silence)。《黑曼巴》(字面意思“鳄鱼”)讽刺了那些压迫非洲人民的黑人首领。他们虽然也是黑人，却与被推翻了的白人统治者一样恶毒。① 《死神契约》探讨了非洲人、尤其是非洲精英在殖民前后遭受的社会和心理异化。《负担》是一本反映当代非洲日常生活问题的书。《洪水》《音乐不需要眼泪》和《沉默的回声》则揭露了腐败无能的政府统治下非洲民众遭受的苦难，以及精英阶层的冷漠。

邦尼·卢贝加的作品有 1970 年的《燃烧的树丛》(The Burning Bush)、1971 年的《弃儿》(The Outcasts)和《伟大的动物王国》(The Great Animal Land)、1974 年的《哭吧，从

---

① 曼巴是非洲臭名昭著的剧毒蛇类。非洲人称白人统治者为曼巴蛇，相应的黑人统治者就被称作黑曼巴。——译者注

林的孩子》（Cry，Jungle Children）及1995年的《干达语言展示》（Olulimi Oluganda Amakula）。《燃烧的树丛》记录了村庄里传统与现代物质文化的冲突。《弃儿》描绘了殖民时代和后殖民时代早期外来移民工人在布干达王国的苦难生活。《干达语言展示》是一部重要的干达语语义词典（semantic dictionary）。《伟大的动物王国》及《哭吧，丛林的孩子》则关注了破坏环境给非洲带来的危害，而环保恰是乌干达作家很少触碰的领域。

奥斯汀·布肯尼亚的主要作品有1984年的《新娘》（The Bride）和1972年的《人民的学士》（The People's Bachelor）。《新娘》批判了非洲社会对过时传统和禁忌的执迷。《人民的学士》则批判了非洲精英的自大行为，以及他们面对社会问题时的无能。[①] 1994年出版的由他主编的《理解口述文学》（Understanding Oral Literature），旨在向识字的当代非洲人推广非洲的口述文化。这也许是他对非洲文学影响最深远的一本书。

诗歌

在乌干达，有相当多的文学作品以诗歌为体裁，著名的诗人包括奥考特·普比特克、简·奥考特·普比特克、塔班·洛·里永、米德莉·基孔科·巴瑞亚、克里斯汀·奥瑞耶玛—拉罗博，以及苏珊·基古利。他们的作品反映了各种社会问题

① 这里主要指非洲的大学精英，他们空谈理想、空有学位，却不能为贫苦的社会做出贡献。——译者注

和热点，如战争、爱情、仇恨，以及日常生活的压力等。

奥考特·普比特克的《拉维诺之歌》和《奥乔之歌》是乌干达最著名的诗歌作品，取材于殖民时代及后殖民时代早期文化变迁给乌干达社会带来的挑战。简·奥考特·普比特克1994年的《告别之歌》，作为一部怀念其父亲奥考特·普比特克的作品，探讨了战争、爱情等一系列社会热门话题。米德莉·基孔科·巴瑞亚2002年的《男人爱巧克力，但他们不说》也触及了不少话题，如男性的力量展示与其绅士气度之间的内在矛盾。克里斯汀·奥瑞耶玛—拉罗博1999年的《心无定所》将视角锁定于战争，尤其是战争对儿童的伤害，以及战争会迅速蔓延的特点。苏珊·基古利1998的《非洲传说》同样反映了大量社会问题。

42 塔班·洛·里永也许是唯一可以挑战奥考特·普比特克地位的乌干达诗人。如前文所述，他已发表了超过7部诗歌作品。他的高产很大程度上得益于传统篝火故事的熏陶。其诗歌触及了许多文化、政治和社会领域的问题，而漫长的写作生涯也使他有能力不断回过头来重新审视这些问题。他曾在日本生活过两年，并将自己的体会整理成诗集《融化山脉的话语》（Words That Melt a Mountain）。[10]

媒　体

乌干达拥有相对自由的新闻环境，报纸杂志种类多，尤以坎帕拉为甚。主要报纸有《每日观察报》（Daily Monitor），以及带有政府背景的《新视野报》（New Vision）和《星期日视野报》。《新视野报》还有地方语言版本，如干达语的《晨报》(Bukedde)、安科莱语的《火炬报》（Orumuri)、卢奥语的《时空报》（Rupiny）及泰索语的《晨报》（Etop)。[11]肯尼亚国家传媒集团控制着《每日观察报》，它的另一份地区性周报《东非人报》（The East African）也在乌干达销售。而为了抗衡《新视野报》的地方版本，《每日观察报》也于最近开始发行干达语的《鼓声报》（Ngoma)。① 还有一些报纸曾在过去发行，但因各种原因已停刊，如《星报》（Star)、《金融时报》(Financial Times)、《读者之友》（Munno）和《人民报》(People)。

花边小报也开始进入乌干达人的生活。2002 年创刊的《红辣椒》（Red Pepper）争议不断，有人甚至呼吁查封这类宣扬色情、腐蚀社会道德的报纸。[12]地方语言报纸也被部分人视作色情文化的载体。[13]乌干达继承了英国法律体系，禁止色情材料的传播，可这样的法律不足以适应现实的变化。这个国家正在酝酿一部《媒体法》，再配合其他手段，对色情内容加以 43
限制。

乌干达的杂志主要有《公民》周刊（Citizen)、干达语《公民》周刊（Munnansi)、《传统》季刊（Heritage)、《成功》季刊（Success)、《新时代》季刊（New Era)、《女性黎明》月刊（Woman's Dawn)、《教育家》月刊（Educator)、《乌干达》半年刊（Uganda Journal)，以及天主教会的月度刊

① 已于 2002 年停刊。——译者注

物《伞》(Musizi)。①

绝大多数报纸杂志的编写采用这个国家的主流文学媒介——英语，并主要流通于以坎帕拉为中心的首都圈。在这个范围之外，报刊的发行量很少，尤其是在低识字率、低收入和交通不便的农村地区。[14]受到这些因素影响，乌干达的报刊发行数据远不如其他国家。比如，1994 年在乌干达每千人只拥有 2 份日报。而与此同时，在美国每千人拥有的报纸数量为 228 份（或每 4 人 1 份）。[15]虽然生活于乌干达公社型社会结构中的人们习惯相互传阅报纸、杂志和其他资源，但报纸杂志的低普及率还是不利于信息的有效分享和获取，使得纸质媒体未能成为主流的消息来源。

和乌干达的其他部门一样，报纸杂志业的困境也源自这个国家动荡的社会政治历史。比如，阿明政权曾于 20 世纪 70 年代杀害或驱逐了许多记者、作家和出版商人。他的经济政策不仅摧毁了这个国家的经济，也使得报纸杂志在乌干达成了昂贵的商品。[16]

在线新闻

乌干达的互联网开放程度在非洲位列前茅。截至 2004 年，乌干达共有 2692 台联网主机，约 125,000 名互联网使用者。[17]

---

① Musizi 在干达语中是一种树的名称，学名“非洲鼠李”“忧黑鼠李”(Maesopsis eminii)，又名“伞树”(Umbrella Tree)，树形成伞状，常栽种于咖啡园为咖啡树遮荫。——译者注

在线出版业因此得以快速发展。该国的在线新闻网站有“乌
干达非洲在线”（http：//www. africaonline. co. ug），主要报道
商业、计算机、旅游、体育、教育和健康类新闻；“非洲在
线：乌干达新闻”（http：//www. afrol. com/countries/uganda），
定期推出有关乌干达的独立新闻和分析文章；“全非网：乌干
达频道”（http：//allafrica. com/uganda），主要从乌干达本地
媒体摘录新闻和头条消息；“坎帕拉 1 号”（http：//www.
kampala1. com），以乌干达和首都坎帕拉的新闻为主，还提供
面向学生的学术资源、免费的电子邮箱和分类广告服务；“话
题网：乌干达新闻”（http：//www. topix. net/world/uganda），
从互联网和乌干达主流报纸的网络版抓取新闻；“每日观察报 44
网络版”（http：//www. monitor. co. ug）；“新视野网络版”
（http：//www. newvision. co. ug）；以及“星期日视野网络版”
（http：//www. sundayvision. co. ug）。

乌干达互联网的大发展也意味着乌干达人可以在遍布全国的网吧里接触到在线色情信息。不少网吧会使用过滤软件来阻止客人登录这些网站，但也有一些网吧觉得这种软件侵害了客人的权利。不管怎样，许多乌干达人和宗教组织对在线色情信息或色情印刷品的出现忧心忡忡。[18]

广播和电视

乌干达广播电台的发展得益于不久前的电波信号自由化政策，即政府将广播媒体部门开放给境内外的个人和企业投资者。截至 2001 年，乌干达共有 8 个电视信号供应商和 42 座广

播电台（东非第一），包括7座调幅电台（AM）、33座调频电台（FM）、2座短波电台。此外，尚有100张政府发出的广播执照未被使用。[19]

乌干达的流行电台有：传播范围限于坎帕拉的“幸福FM2000”（Sanyu）、“观察FM”（Monitor）、“法国国际广播电台1频道非洲/2频道”（RFI 1 Afrique/RFI 2）、“狮子FM”（Simba）；传播范围包括坎帕拉、姆巴拉拉和姆巴莱的“英国广播公司世界新闻”（BBC World Service）；传播范围包括坎帕拉、姆巴莱和马萨卡区的“影响FM”（Impact）；传播范围包括坎帕拉和姆巴拉拉的“乌干达圣母玛利亚电台”（Radio Maria Uganda）；传播范围仅限于阿帕奇（Apac）地区的“阿帕奇电台”；以及全国范围的“妈妈FM”（Mama）。

电视信号供应商有：“灯塔”电视广播网（LTV-Lighthouse TV/TBN Uganda）、国际电视网、乌干达电视网、“非洲28”电视网、“瓦发”①广播网（WBS-Wavah Broadcasting Services）。[20]由于建造广播信号站的成本远小于电视信号站，因此乌干达的广播电台数量约为电视信号供应商数量的5倍。

乌干达的广电网络节目丰富，有音乐、新闻，还有将二者相结合的节目形式。圣母玛利亚电台和灯塔电视网还有宗教节目播送。除了本国的广播和电视，也有像英国广播公司（BBC）那样的国际新闻媒体。它们主要面向大城市市场，尤其是坎帕拉，而不重视农村地区。

① 来源于其创始人 Gordon Wavamunno 的名字。——译者注

大量的广播电台表明，广播是乌干达的主流大众传播形式。价格便宜、操作简单、易于携带的收音机流行于全国上
下。1996 年乌干达每千人拥有 123 台收音机（约每 8 人 1 45
台），全国 2000 万人口共有约 246 万台。到了 2002 年，半数的乌干达家庭均拥有一台收音机。[21]当然除了总数，还应看到乌干达由于地区间的财富水平和政治稳定程度不同，导致收音机数量的分布不平衡。乌干达南部政治比较稳定，识字人口较多，因此比缺少这些条件的北部地区拥有更多的收音机数量。此外，农村地区和城市地区的收音机数量差距巨大，多数收音机集中于城市，尤其是南部的发达城市。广播信号站和信号强度的分布也偏向于南部。

电视的普及情况也类似。1996 年乌干达每千人拥有 26 台电视机，约每 38 人 1 台，当年全国 2000 万人口共有约 52 万台，多数集中于城市地区。与此同时，1996 年的美国每千人拥有 806 台电视机，几乎达到了一人一台。到了 2002 年，也只有 4.5% 的乌干达家庭拥有电视机。[22]乌干达过低的电视普及率可归咎于电视机相对昂贵的购买价格、无论农村还是城市都非常普遍的电力短缺，以及电视节目和电视信号站的匮乏。尤其是在农村地区，建造和维护信号站成本高昂。农村地区严重的电力短缺，更是迫使当地用户采用价格不菲的太阳能系统或汽车电池给电视机供电，尤其是后者，还需要经常长途跋涉至通电地区充电。

尽管广播在乌干达普及率相对较高，但它对于乌干达社会的作用仍然有限。不少地方信号不佳；很少有女性拥有收音机，电台的节目内容和播送时间也未能照顾到女性听众；电台

语言以地方听众听不懂的英语为主，并充斥了与他们生活毫不相关的外来文化、令人作呕的内容和攻击性的语言。男性记者相对女性在媒体行业的绝对数量优势（6 比 1）使得节目的编排忽略了女性的需求，而女性很少拥有收音机，又进一步剥夺了她们对收听节目的选择权。[23]这种情况必须改变，让媒体能在社会中发挥更多积极的影响。此外，这个国家也需要更多便宜的收音机。

46 当然，乌干达也有传播较为成功和有效的广播电台，比如古卢地区的“自由电台”（Radio Freedom）和“妈妈”调频 101.7 兆赫。“自由电台”所在的古卢处于乌干达北部农村战乱地区，它招募当地居民制作节目，用本地语言播送，为缓和这一地区的紧张局势做出了很大的贡献。[24]

“妈妈”调频 101.7 兆赫是非洲唯一的女性电台，也是世界上仅有的三个之一。它于 1997 年成立，传播范围覆盖了乌干达南部、西部、东部和中部 65% 的国土，目的在于弥补女性和其他弱势群体（儿童、残疾人和青年）广播节目的短缺，进而弥补他们在获取信息方面相较于其他人的劣势。具体来说，该电台旨在播送女性为主的节目，为女性记者提供培训和实践机会；满足弱势群体的日常信息需求（而不像其他电台只在灾难或重大事件发生时关注他们），为弱势群体提供交流看法的平台，关注弱势群体面临的问题并在全国范围内传播；鼓励良政，以减少恶政给弱势群体造成的伤害，唤起人民的责任感；推进社群内部的性别平等，并宣传环境保护。

为实现这些目标，“妈妈 FM”关注的话题非常广泛，包括健康、法律、土地、经济发展、教育、人权、政治、领导层、宗教、农业和环境。而为了吸引尽可能多的听众，它会用英语、斯瓦希里语和许多地方语言进行广播，如干达语、索加语、尼奥罗语、托罗语、安科莱语、基加语、泰索语、卢奥语和玛萨巴语（Lumasaaba）等。同“自由电台”一样，“妈妈FM”也重视节目制作过程中的社区参与，支持女性成立自己的听众俱乐部，与其他团体和非政府组织（NGOs）开展合作，并鼓励听众通过电话、电子邮件和平邮参与节目。[25]如果有更多的电台能向“自由电台”和“妈妈FM”学习，广播节目将为乌干达的发展做出巨大的贡献。

电 影

乌干达的电影产业较不发达。该国没有电影制作的传统，技术和资金短缺，以及低收入的国民不足以支撑大的电影市场，不少人对电影这种媒体也还很陌生。与乌干达有关的电影有：1974年巴贝特·施罗德（Barbet Schroeder）导演的《阿明将军》（General Idi Amin Dada: A Self-Portrait），详细记录 47
了阿明在乌干达的统治；1980年约瑟夫·奥利塔（Joseph Olita）和丹尼斯·希尔（Dennis Hill）主演、沙拉德·帕特尔（Sharad Patel）导演的《一代暴君》（The Rise and Fall of Idi Amin），则展现了阿明夺取权力的过程，以及维持残暴统治的手段；1992年米拉·纳伊尔（Mira Nair）导演、丹泽尔·华盛顿（Denzel Washington）和萨莉塔·乔德霍里（Sarita Choudhury）的《密西西比风情画》（Mississippi Masala），讲述的是一名年轻的印度裔乌干达女性的故事，她在1972年阿明驱逐亚裔社群之际搬到了美国，并与一名黑人男子相爱，让双方家庭都陷入了矛盾。

移民美国的乌干达人恩塔雷·古玛·姆巴霍·姆维奈（Ntare Guma Mbaho Mwine）也于近年拍摄了纪录片《警惕时间》（Beware of Time）。这部作品关注了乌干达艾滋病患者的生活，以及乌干达北部的武装冲突，其中还有一段与伊迪·阿明的兄弟阿穆莱·阿明（Amule Amin）的访谈。[26]

近期的几个事件表明，乌干达的电影产业前景光明。其一是大湖电影制作公司（Great Lakes Film Production Company）于坎帕拉成立。其二是“阿玛库拉”电影节（Amakula Film Festival）① 的设立，这将有利于电影制作和娱乐产业在乌干达的发展。[27]

注释：

1. 莉莉安·泰穆·奥萨基，“非洲儿童文学”，2004 年，http：//web. uflib. ufl. edu/cm/africana/children. htm。

2. 安琪拉·恩辛比，“记录丰富的非洲遗产”，《新景报》，2004 年 7 月 12 日，http：//www. newvision. co. ug/。

3. 纳纳·威尔逊·塔古，“再见英语”，连接：为世界出版非洲本土语言大会，非洲中心，伦敦，英国，1999 年 3 月 30 日，http：//www. africacentre. org. uk/connections. htm#Nana%20Wilson%20Tagoe。

4. 其他女性作家的生日不详。

5. 布莱恩·沃斯福德，“非洲文学地图：东非——乌干达”，2005 年，http：// www. udl. es/usuaris/m0163949/uganda. htm。另见葛雷蒂·

① amakula 在干达语中的意思是呈现、展示。——译者注

基奥穆赫恩多，“乌干达女性作家联合会和文学的政治”，《女权非洲》第2期，2003年，http：//www. feministafrica. org/fa% 202/2level. html。

6. 丹·雷布森，“基梅尼耶，非洲的作品”，乔治·A. 斯马瑟图书馆，弗罗里达大学，1995～2004年，http：//web. uflib. ufl. edu/cm/africana/kimenye. htm。另见“当代非洲数据库：芭芭拉·基梅尼耶——乌干达儿童作家和短篇作家”，非洲中心，伦敦，2001～2004年，http：//people. africadatabase. org/en/person/15933. html。

7. 非洲图书集，非洲文学，http：//www. africanbooks-collective. com。

8. 密歇根州立大学出版社，“根据作者选择书目”，http：//msupress. msu. edu/authorIndex. php。

9. G. A. 赫伦，《奥考特·普比特克〈拉维诺之歌〉和〈奥乔之歌〉合集简介》（伦敦，海因曼，1984年），第1～33页，以及“当代非洲数据库：奥考特·普比特克——乌干达诗人、小说家和社会人类学家”，非洲中心，伦敦，2002～2004年，http：//people. africadatabase. org/en/person/ 3359. html。

10. 山姆·拉迪塔洛，“塔班·洛·里永访谈”，1997年，http：//www. ru. ac. za/institutes/isea/NewCoin/docs/97/i97june. htm。

11. “关于我们”，《新景报》，2004年，http：//www. newvision. co. ug/visioncorporate/。

12. 艾芙琳·基亚皮·马萨穆拉，“红辣椒在乌干达掀起争议”，《邮卫报》，2005年10月11日，http：//www. mg. co. za/articlePage. aspx?articleid = 253391&area = /insight/insight_ africa/。

13. 保护记者协会，“2002年度对媒体的攻击：乌干达”，2002年，http：//www. cpj. org/attacks02/africa02/uganda. html。

14. 鲁斯·奥贾波·奥奇恩，“乌干达社区媒体的发展”，非洲社区媒体区域论坛论文，坎帕拉，乌干达，1999年6月8日，第8页，http：//www. isis. or. ug/downloads/1999_ community. pdf。

15. 世界银行，《世界发展报告 1998 ~ 1999：发展知识》（纽约，牛津大学出版社，1999 年），第 227 页。

16. 奥奇恩，“乌干达社区媒体的发展”，第 4 页。

17. 中央情报局，“乌干达”，《世界概况》，2004 年，http：//www. cia. gov/cia/publications/factbook/geos/ug. html#Comm。

18. 蒙塞尼尔·约瑟夫·奥本加（乌干达主教会议秘书长），由约翰·L. 阿伦二世采访，《全国天主教报导》，2004 年 9 月 17 日，http：//ncronline. org/mainpage/specialdocuments/obunga. htm。

19. 同上。另见保护记者协会，“2001 年度对媒体的攻击：非洲 2001：乌干达”，http：//www. cpj. org/attacks01/africa01/uganda. html。

20. 电视广播世界，“乌干达——互联网上的广播和电视台”，2004 年，http：//www. tvradioworld. com/region3/uga/Radio _ TV _ On _ Internet. asp。

21. 世界银行，《世界发展报告 1998 ~ 1999》，1999 年，第 227 页。另见乌干达统计局，“2002 年乌干达人口和住房普查”，2004 年，http：//www. ubas. org。

22. 世界银行，《世界发展报告 1998 ~ 1999》，第 195、227 页。

23. 乌干达媒体女性协会，“101. 7 妈妈 FM——社区广播”，2001 年，http：//interconnection. org/umwa/community_ radio. html。

24. 奥奇恩，“乌干达社区媒体的发展”，第 8 ~ 9 页。

25. 乌干达媒体女性协会，“101. 7 妈妈 FM——社区广播”。

26. 恩塔雷·古玛·姆巴霍·姆维奈，纪录片《警惕时间》海报，http：//www. bewareoftime. com/film. htm。

27. 德国之声，“从开普敦到开罗——11”，2003 年 12 月 16 日，http：//www. dw-world. de/english/0，3367，3083 _ A _ 1062403，00. html。另见阿玛库拉坎帕拉国际电影节，“故事线”，2005 年，http：//www. amakula. com/ index. html。

四、艺术与建筑 49

乌干达社会有其独特的艺术、建筑和房屋类型，它们或有实用价值，或有美学、娱乐价值。对乌干达艺术、建筑和房屋进行分析，亦能从不同方面揭示这个社会。

艺　术

乌干达的艺术的重要性不亚于其语言，它们都传播、表达和存续了这个国家的文化：文化上和历史上重要的知识与价值得以传播，共同的社会抱负与目标得以普及，当今的社会议题与理念亦得以达成共识。[1]因此，艺术表达成了乌干达社会的一种核心而普遍的特征，成了强势的文化载体。艺术作为一种媒介，几乎每个人都可以成为受众，而不论识字与否，也不论社会地位。艺术对任何阶层的乌干达人都很重要。正如乌干达雕刻家莉莉安·纳布里美（Lilian Nabulime）所说，艺术能够突破语言与演说的局限，其观众可以跨越部族、文化或语言的藩篱。[2]就这样，艺术便与书面文字区分开来，因为后者仅在乌干达社会的一小簇受教育阶层传播。

乌干达的文化与艺术交织在一起。公社型社会结构决定了乌干达的艺术表达和体验更突出群体而非个人，与西方社会截然相反。[3]

50 现代乌干达艺术的历史可追溯至殖民时代。正规的艺术教育于20世纪初列入课纲。当时的英国殖民当局意识到乌干达的长期战略重要性不如邻近的肯尼亚，便没有像控制肯尼亚的教育系统那样控制乌干达教育系统的发展，艺术教育从而不再限于白人学校。在乌干达，艺术教育甚至延伸至麦克雷雷大学学院，使得乌干达从殖民时代起便成了东非正规艺术教育的中心，直至伊迪·阿明上台。在后者统治期间，大批杰出的艺术家或丧生或流亡海外，留在国内的也基本无法继续创作。[4]

正规艺术教育在乌干达的起步也归功于基督教传教士，尤其是玛格丽特·特罗尔（Margaret Trowell）的贡献。她于1937年在麦克雷雷大学创办了美术学院（今天被称为玛格丽特·特罗尔工业艺术与美术学院）。殖民时代的艺术教育旨在化艺术为职业，从而改善本地乌干达人的生活。在殖民时代接受过艺术教育的一些人后来成了教师，将艺术教育引入了乌干达的学校。起初，艺术教育培训生只能获取教师资格证，到后期升格成了学位。到了1962年乌干达独立时，特罗尔学院已成为东南部非洲艺术与设计教育的领导者。著名的雕刻艺术家弗朗西斯·恩纳干达（Francis Nnaggenda）就是该学院早年培养的学生之一。在独立之前，乌干达的艺术主要展现魔法、宗教和政治题材，因为当时认为只有这些题材才是得体的。[5]

乌干达在殖民时代和后殖民时代早期作为东南部非洲艺术中心的声誉，在20世纪70年代初随着伊迪·阿明的上台而开始衰退。阿明政权限制自由表达，导致玛格丽特·特罗尔学院流失了大批非洲教员，他们不是被杀害、就是被迫流亡海外。硕果仅存的几个教员支撑着学院度过了那段岁月，但对当时乌干达艺术发展的贡献已微乎其微。情况在阿明下台后有所好转，今天的玛格丽特·特罗尔学院重新招募了数量可观的知名常驻艺术家和教员，如雕塑家莉莉安·纳布里美和罗斯·基鲁米拉（Rose Kirumira）、画家戈德弗雷·巴纳达（Godfrey Banadda）和保罗·卢博瓦（Paul Lubowa）。不少作品曾在主流国际场合展出，并收录于西德尼·利特菲尔德·卡斯菲尔（Sidney Littlefield Kasfir）1999 年出版的画册《当代非洲艺术》（Contemporary African Art）。[6]

虽然乌干达的艺术重新迎来了春天，它的发展仍面临诸多 51
困难。首先，尽管各级学校都开设有艺术或设计课程，但这些课程并不是课纲的重点，也缺少实际意义或职业导向。进一步讲，艺术教学的成本相对较高，接受过良好培训的艺术老师的人数不足，尤其是在小学；而乌干达艺术本身在世界主流艺术市场也缺少知名度。长年的内战拖累了乌干达的艺术创作和推广。不过，近年来乌干达艺术正缓慢地逐步走向世界市场。[7]

第二，乌干达艺术家生活贫困，不得不出卖自己的良心去创作迎合西方或游客的作品。这样做尽管有利可图，却危及了以满足本土文化需求为目的的正统乌干达艺术的存续和发展。[8]

第三，由于画廊数目不足、已有画廊缺少资金以及员工收入过低等因素，乌干达的艺术作品很少留在国内。估价最高的作品均流失到了普通乌干达人难以企及的海外，被外国艺术财团、艺术博物馆、画廊或私人收藏。

第四，乌干达的正规艺术和设计教育仍未摆脱它的殖民和西式风格。若要恢复原有的社会地位，正规艺术教育必须着眼本土，采用有本土特色的教学方式和课程设计，让艺术教育成为乌干达的社会、文化和经济发展的推动力。[9] 这种转变也有助于改善本土艺术家的负面形象。他们中的一些人也许曾在违背自己意愿的情况下与乌干达的独裁政权合作（如阿明），未能施展自身的才华去参与乌干达社会秩序的恢复。当然，他们还是为记录这个国家的社会苦难与不公做出了贡献。[10]

第五，乌干达的艺术家在将他们的作品推向国际时面临着巨大的市场压力。这种情况会危及本土的艺术知识体系，让乌干达艺术失去它的根本，使得艺术这种媒介丧失存续乌干达文化的功能。[11]尽管乌干达的艺术无法完全屏蔽外部影响，但这种趋势可以被控制，以保护本土艺术文化。

乌干达的主要艺术机构有博物馆，如乌干达国立博物馆；高等学府，如麦克雷雷大学、基亚博格大学师范学院（ITEK）和布多国王学院；政府支持的公共艺术，如坎帕拉市中心的独立运动纪念碑；美术馆，如收藏有绘画和雕塑的诺莫国立美术馆（Nommo National Gallery）① 和“我们创作”美术馆
52 （Tulifanya Gallery），以及额外收藏有印刷制品的恩尼安齐艺术工作室（Nnyanzi Art Studio）；酒店，如尼罗河酒店、斯皮克酒店和阿非利加酒店。

---

① Nommo 指的是非洲艺术家赋予其作品名称和意义、规定其功能时所说的带有“灵性”的语词。——译者注

传统艺术

乌干达艺术创作的历史，早于因欧洲人探险和征服乌干达而出现的文字历史。全体社会成员、包括没有受过教育的人，都可以从事艺术创作，而不需要像文字那样只有通过正规教育才能掌握。因此，艺术才是乌干达人和社会最真实地展现自我的手段。令人玩味的是，世界上的主流字母体系均来源于古代艺术符号，这并不是什么巧合。尽管乌干达的传统艺术未能演进至书写字母，但它仍是一种强大的交流工具。

在前殖民时代，乌干达境内充斥着形形色色的封建小国，以及连国家都不算的各种政治实体，国王和酋长热衷于争夺霸权。这个时代的艺术创作自然成了声望和权力的符号。每个政治实体都有一套符号来代表具有不同影响力的职位和祭祀功能，如图形、权杖、珠宝、服装等。[12]

传统艺术形式还包括垫子、篮子、泥土罐、树皮布、木雕、石刻以及洞穴画等。这些艺术作品兼具实用和文化价值，其设计、手法、材料和工具均源自本土。[13]传统乌干达社会甚至还有铸造厂，用以生产刀、剑、矛这样的实用艺术品。

当代艺术形式

乌干达（与肯尼亚、津巴布韦和南非一起）是有别于传统艺术的新派非洲艺术的起源地之一。[14]这些新艺术流派的起源可以追溯至西式教育的引入、乌干达艺术的逐步商业化、乌干达艺术家对其他国家艺术的吸收，以及现代艺术材料和技术的普及。

不论属于何种流派，当代乌干达艺术家无非两类：接受过正规训练的，和用艺术换取商业利益的。正规训练的艺术家在诸如大学的正式场所工作，将作品视为一种自我表达的形式，作品数量少、有签名，常在美术馆、博物馆和文化中心展出。
53 而商业艺术家则在非正式场所工作，视自己为艺术商人，为街头或露天市场的商贩批量生产商品。在市场力量的驱动下，艺术商人主宰了当代乌干达的艺术图景（art scene）。[15]乌干达的当代艺术形式有雕刻、陶器、线条画、颜料画、时尚织物，以及各种家用器具等。

雕刻

乌干达的雕刻艺术家使用木头、陶土和金属等材料。早在前殖民时代，雕刻就已经是乌干达艺术图景中的一部分；而在后殖民时代，雕刻艺术又因商业化而繁荣。前殖民时代的雕刻主要用于文化和宗教仪式，代表了传统的政治权力，而当代雕刻则主要用于出售。虽然这种趋势让一些人担心会损害到真正的艺术创作，但不少当代乌干达艺术家都以商业艺术为业。这样一来，迎合游客和城市精英口味的新雕刻（旅游纪念品）越来越多，其中的代表就是穆沙巴·伊萨（Mushaba Isa）为国外市场创作的椅雕。[16]

当代乌干达雕刻艺术家还有格里高利·马洛巴（Gregory Maloba）、乔治·吉耶尤奈（George Kyeyune）、莉莉安·纳布里美、布鲁诺·塞伦库玛（Bruno Sserunkuuma）、罗伯特·塞姆帕加拉（Robert Ssempagala）、弗朗西斯·恩纳干达、约翰·穆吉沙（John Mugisha）和菲利普·库韦西加（Philip Kwesiga）。[17]恩纳干达擅长大尺寸的木雕和金属雕塑，主题丰富，尤其侧重展现人类在战争和暴力面前的不屈（如伊迪·阿明和米尔顿·奥博特时代的乌干达人）。[18]恩纳干达对战争和暴力的关注，也许来自他自身的经历：他曾差一点被阿明拘捕并杀害。

乔治·吉耶尤奈擅长从中等尺寸到纪念碑级别的各种雕刻。他最出色的作品之一“伸手”（Reaching Out），象征了学生对知识的渴望，存放于坎帕拉的基亚博格大学师范学院。[19]吉耶尤奈同时还是一名画家和陶艺家。格里高利·马洛巴则是玛格丽特·特罗尔学院最早的毕业生之一，他最知名的作品就是位于坎帕拉市中心的独立纪念碑。

莉莉安·纳布里美是乌干达最杰出的女性雕刻家之一，擅长用木头和金属薄片拼装纪念碑级别的雕塑。她的标志性作品是一组象征女性的树桩雕塑，有着“动态而有机的韵律，因循了树木的纹理和生长规律，呈现出螺旋运动的感觉”。[20]她试图以艺术为武器来解放乌干达女性，尤其是那些不识字的女
性。艺术鉴赏无需特别的技巧或培训，是一种教育女性掌控自 54
己生活的合适媒介。她希望能有更多的女性艺术家以此目标来进行艺术创作。[21]

陶器

乌干达的陶艺大师不少，如布鲁诺·塞伦库玛、乔治·吉耶尤奈等。塞伦库玛创作了当代乌干达最壮观的几件陶制艺术

品。他的作品主要反映了干达、安科莱和尼奥罗王国的社会文化现象，如宗教、婚礼、教育、性别角色、放牧、家庭和时尚等，并用独特的蜡染画（batik drawings）方式将其展现在具有乌干达本土特色的传统陶器上。[22]

55 线条画

线条画这种艺术形式在乌干达很普及，最常见于主流报纸的卡通画，尤其是《新景报》和《每日观察报》。这些报纸都雇有漫画大师，以漫画形式对社会热点和新闻做幽默评论，拥趸众多。卡通画和摄影照片，是乌干达报纸不可或缺的元素。

颜料画

除了岩画，乌干达在欧洲人到来之前并没有成熟的颜料画艺术，可它却在后来成了乌干达最流行的艺术形式。原因不外乎颜料画所需的材料相对便宜，所需的创作时间也相对较短。

值得一提的是，颜料画能作为一种艺术形式引入当代乌干达并获得进一步发展，玛格丽特·特罗尔功不可没。她教会了非洲学生架上绘画（easel painting）和丝网印刷（silkscreen printing），并要求学生坚守他们的非洲根基，而不去单纯地模仿西方文化。在特罗尔的努力下，赞美乌干达传统和神话的绘画作品变得十分流行，如皮特·穆林德瓦（Peter Mulindwa）的《敲死亡之鼓的猫头鹰》（The Owl Drums Death）。[23]

乌干达艺术的商业化也促进了面向本地和外国消费市场的流行画创作（即通常所说的蜡染画）。例如，杰克·卡塔里科韦（Jak Katarikwe）的作品《圣诞节的欢乐人群》（People

Happy at Christmas)，以各种动物的笑脸来模仿东非人对圣诞节到来的欣喜之情。[24]努瓦·恩尼安齐（Nuwa Nnyanzi）① 的彩色蜡染画则是流行画的另一个代表。恩尼安齐是乌干达最杰出蜡染画和壁画艺术家。他曾受联合国儿童基金会（UNICEF）、联合国人口基金（UNFPA）等国际组织委托作画，并被英国广播公司等国际媒体报道。[25]乌干达还培养了另外一些知名的画家，如马蒂亚斯·穆旺戈（Mathias Muwonge）、依菲·弗朗西斯（Ifee Francis）、乔治·吉耶尤奈、亨利·卢穆（Henry Lumu）、玛利亚·基齐托·卡苏勒（Maria Kizito Kasule）、皮尔金顿·塞恩干多（Pilkington Ssengendo）以及罗伯特·塞姆帕加拉。马蒂亚斯·穆旺戈和依菲·弗朗西斯的壁画可见于坎帕拉的麦克雷雷艺术馆（Makerere Art Gallery），以及联合国开发计划署（UNDP）办公室。[26]

皮尔金顿·塞恩干多是一名印象派风景画家。他认为在创作抽象艺术之前，非洲艺术家首先需要拥抱、理解并扎实自己的非洲根基。他的作品令人难忘，如 1995 年的《平静的风景》（Landscape in Peace）和《海伦娜》（Helene），以及 1991 年的《野兽》（The Beast）。[27]

已故的亨利·卢穆（1939～1989）也许是乌干达最重要 56
的当代画家。师从玛格丽特·特罗尔的他通过课堂教学和始于 1968 年的乌干达全国电视广播，激励了许多当代乌干达画家。以抽象艺术起家的他并不鼓励他的学生过早地接触抽象艺术，而更强调打好绘画基本功。他对客观艺术的喜爱甚至超过抽象

① 上文恩尼安齐艺术工作室的创始人。——译者注

艺术。他的不少作品深受公司年历设计者的偏爱，例如曾获得石油巨头艾克森美孚（Esso）1963年度年历竞赛一等奖的著名铅笔画《无题》（Untitled）。他还创作有丙烯画《市场一景》（Market Scene）和《荆棘》（Thorns），以及众多无题水彩画。[28]

时尚织物

与其他东非国家一样，纺织品和服装在乌干达也是艺术创作的重要平台。桌布和椅罩多由装饰性的布料制成，多数女性服装和手包上的色彩和图案也五彩斑斓，常绘有花朵和野生动物（如大象）。一些男士服装，比如长款绣花的“布布袍”（boubou），亦有一定的艺术价值。盛行于整个非洲的发型也是重要的时尚物件和艺术载体，花样日新月异。乌干达女性尤其热衷编发，简单的花样有玉米卷，也有更为复杂的花朵造型。

其他实用或美学工艺品

乌干达家庭广泛使用各种实用或美学工艺品。除了实用价值外，多数家用器具（如垫子、罐子、篮子、树皮布、椅子和其他容器）都有明显的审美价值。现代工业生产的家用器具在乌干达早已随处可见，可人们仍在坚持制作传统器具。尤其是在农村地区，传统器具更符合农村居民的文化价值、承受能力和实际生活需要。

传统的陶罐或土罐是这种艺术形式的代表，自前殖民时代起就已被用作炊具和装饰品。埃尔贡山所在的马萨巴

（Masaba）地区的基苏部族（Gisu）是这些罐子最大、最著名的来源地。那里的居民以地方特色的材料、工具和设计来生产罐子等容器，并在地方和全国范围内销售。这些罐子或可用来储水、酿酒、做饭，或可用作传统仪式上的祭祀器皿。基苏人 57
还会制作托盘、茶壶、熨斗、花瓶和平底的罐子，这些都是近年来的新发明，以满足当代消费者的需求。不同的艺术家为这些器具绘上不同的装饰，以展示自己的手艺、打造地方品牌，从而吸引到消费者。[29]

建　筑

乌干达的建筑既有传统的一面，同时又受到外来风格的影响。多数乌干达人喜爱传统建筑，尤其是在农村地区。不同地区和文化的传统建筑不尽相同，却有一个共同点，即房屋都比较简陋。这是因为乌干达社会传统更多崇尚精神的、而非现世的物质的生活。[30]另一个原因在于，该国的热带气候适宜更多的户外活动，从而抑制了豪华建筑的发展。乌干达的农村房屋多为由抹灰篱笆墙和干草屋顶组成的简易圆形小屋。这种传统建筑经现代改良，成了由土墙和铁皮屋顶组成的方形小屋。

外来（或所谓的现代）建筑则集中于城市地区。这种建筑受到欧洲、中东和美国设计的影响，在殖民时代首次引入乌干达。这些设计在它们的发源地颇受欢迎，却在现代乌干达遭到了批判，因为它们无法满足本地的住房需求，也未能拉动对本地建材的需求。由于乌干达的社会和经济精英更喜欢现代建筑，这个国家的建筑风格仍较为模糊。在长期的殖民统治和内乱结束后，建筑亦成了乌干达找回失去的灵魂的一条途径。[31]

农村定居点

传统乌干达人住在农村，村庄的大小取决于地区、部族、职业和土地稀缺程度。相比北部游牧部族，南部从事定居农业的部族（如干达人）有更多的人口和更为固定的村庄。乌干达南部人口更多的原因在于，农耕比游牧能提供更稳定的食物来源。以下将以干达人的定居点为例，来展示传统的乌干达村庄生活。

在前殖民时代，典型的干达村庄由约 50 户家庭组成，由酋长管理，后者直接对布干达王国的卡巴卡负责。干达人住在
58 山丘地带，他们的村庄都选在山顶，以躲避潮湿热带气候下暴雨天气引发的洪水。而他们的田地则坐落于山坡和潮湿的低地。[32]

多数干达村庄最早由近亲聚居而成，但随着布干达王国不断扩张至临近的部族，不少外来人口在前殖民时代晚期来到了这些村庄。与此同时，王国长期以来高度集中的政治和经济权力，大大促进了不同家庭、部落之间的内部迁徙和融合。封建资本主义的发展，则导致了地主及为地主耕地的农民的诞生。[33]在这个系统中，有的地主不断做大，有的地主则经营失败，不得不出让自己名下的农民，进一步推动了不同部族之间的迁徙和融合。[34]更有甚者，在本村以外拥有大量土地的地主常面临劳动力短缺，不得不使用来自被征服部族的奴隶劳力。所幸干达地区有着足够多湿润肥沃的土地，无论奴隶、农民，还是卡巴卡，都有大量食物可以食用。这种定居系统于 19 世

纪末期开始衰落。殖民主义的到来破坏了传统的政治秩序，人口的迁徙进一步加快，而原先受压制的部族也有了反抗的机会。[35]

农村房屋多为由干草墙、干草屋顶组成的圆形小屋。屋内地板是由牛粪和黏土按一定比例混合而成的泥地。屋外环绕有排水沟，以保证房屋的干燥和安全，因为几乎每天下午都有降水，容易侵蚀建筑材料。在结构上，小屋通常有一个入口，而烧火的烟雾可经干草屋顶渗出去。这种恶劣的通风条件为呼吸道疾病的传播提供了便利，并伴有火灾隐患。乌干达境内其他班图部族或农业人口（如索加人、基苏人、尼奥罗人、托罗人）的定居形态，与干达人的并没有太多不同，只是会根据当地环境和安全状况而略作调整。

抹灰篱笆墙和干草屋顶圆形小屋目前通行于乌干达南部更为发达的班图地区，也有少量现代方形小屋，以铁皮屋顶和水泥墙、地板代替传统的材料。就全乌干达而言，10% 的农村房屋采用永久材料建造；55% 砌有泥浆木杆混合而成的外墙；50% 覆盖了铁皮屋顶，其余 50% 仍是干草屋顶；85% 的地板仍由传统方式捣打而成。更为耐久的建筑材料主要见于相对现代而富裕、传教和殖民活动活跃的南部地区。房屋大小取决于家庭规模和收入。现代建筑材料的引入和现代经济的发展，带 59
来了更多建筑技术的变革。

对尼罗—含米特部族来说，如游牧的卡拉莫琼人，依牲畜围栏而建的环形房屋群则更为常见。这种定居形态的起源，也许是为了保护牲畜（他们的主要生活来源）免于外人和野生动物的侵扰，尤其是在夜晚。

几乎所有的乌干达部族都以部落为单位构建他们的定居形态。这些部落多数实行父系制，男性主宰权力，土地等的资源通常只传给男性。

说到乌干达农村定居点的现状，就不能忽略一个重要事项，那就是这个国家长期的社会动荡导致了不可估量的人口和财产损失。尤其是在北部，那里的社会对立和定居点纷争远未停歇。另一个值得注意的情况是，阿明曾于 1975 年颁布土地法令将全国土地收归国有，而全国抵抗运动又于 1998 年出台了新的土地法案，扭转了土地国有制。这样的来回折腾，打乱了乌干达的土地所有权，从而深刻影响了农村的定居形态。[36] 1998 年的土地法案仍在执行，而乌干达的大部分地区也正结束了连年内乱，逐渐走向复苏。可以肯定的是，在这种情况下，乌干达的农村定居形态仍将不断演进。

城市定居点

前殖民时代乌干达的城市化以基布加（kibuga）① 为代表，即坐落于门戈山的布干达王国都城。根据早期欧洲旅行者的记载，基布加既干净，又规划整齐，路网完备，来自王国各地区的代表住在各自的居住区里。这座都城曾有超过 3000 居民，国王和王后住在独立的区域，还有一群工人负责城市的修缮。城中可以自产食物，周边农村亦会进贡食物作为补充。[37]

基布加的出现，在于布干达王国肥沃的土地和商业化的农业体系带来了食物剩余，足够满足首都的需求，并为城市行业

① “基布加”在干达语中的含义就是“城市”。——译者注

的发展提供了基础。而布干达相对开放的社会环境又促进了文化融合，建立起乌干达境内罕见的复杂政治经济体制。英国人因此指定布干达作为他们的合作伙伴，在乌干达独立之前一直维持了统治。在英国人的支持下，这种合作有效地将卡巴卡的统治拓展至乌干达的其他地区。[38]

前殖民时代乌干达城市化的另一个代表，是位于今天阿乔 61
利地区、由阿拉伯人建立的奴隶和象牙贸易站。这些建成于19 世纪 50 年代的贸易站，是乌干达境内出现的首批非本土（nonindigenous）城市化区域，被用来服务于来自沿海的阿拉伯人，以及他们的货物——奴隶。阿拉伯人从当地阿乔利人那里收取税金来支撑站点的运作，他们还挑起了阿乔利人的内斗，从而可以更便捷地掠夺当地社区、捕捉奴隶。[39]

除了布干达王国的前殖民时代都城，以及阿乔利兰（Acholiland）的阿拉伯定居点，大范围的城市化直到殖民时代才开始出现于乌干达。布干达的首都一直保留至 20 世纪 60 年代初，毁于奥博特政权之手，乌干达人建立本土城市的梦想也随之破灭。不过，值得一提的是，乌干达的现任和前任首都——坎帕拉和恩德培，仍坐落于传统的王国首都附近。

由于欧洲殖民者只在乌干达建立起有限几个定居点，他们并未在主要城镇留下深刻的欧式印记，这与殖民者定居点发达的肯尼亚城市形成了对比。乌干达的城市从而展现出强烈的非洲色彩，养育了不同的社会和经济阶层。坎帕拉的上层精英社区的消费习惯，与许多西方国家的中高收入阶层类似。但总体上，过低的发展水平决定了乌干达城市中产阶层的规模还很小，多数城市居民生活贫困，与他们的农村故乡尚保持着紧密的联系，过着“农村—城市”的双重生活。

目前，只有约15%的乌干达人生活在城镇地区，他们中的大多数集中于坎帕拉这样的大城市。乌干达排名前十的大城市及人口如下：坎帕拉（1,189,142）、古卢（119,430）、利拉（80,879）、金贾（71,213）、姆巴莱（71,130）、姆巴拉拉（69,363）、马萨卡（67,768）、恩德培（55,086）、卡塞塞（53,907），以及恩杰鲁（51,236）。[40]这些城市的人口随昼夜变化，附近地区的居民出于各种原因会在白天来到城市。作为乌干达最重要的城市定居点，这里将简要介绍坎帕拉、恩德培和金贾的情况。

坎帕拉是乌干达的首都，也是最大的商业中心。城市名称来源于干达语短语“卡索齐·卡·恩帕拉”（kasozi ka Empala，意为“黑斑羚之山”，后来逐渐演化成Kampala），①清楚地表明这个地方曾生活着大量的黑斑羚和其他野生动物。[41]城市建立的标志可以追溯至1890年，弗里德里克·卢嘉在门戈山附近为不列颠东非公司建立了一座要塞，毗邻传统的布干达王国的政治中心。而布干达王国与布尼奥罗—基塔拉王
62 国（Bunyoro-Kitara）、安科莱王国、布索加王国、托罗王国一道，构成了曾经的英属乌干达保护国和今天乌干达共和国的大部分领土。[42]

---

① 有关坎帕拉名称的由来，通行的说法认为，干达语empala一词来源于英语单词impala（黑斑羚）。英国人最早称呼布干达首都附近一座有黑斑羚出没的小山为黑斑羚之山，后来干达人吸收了这个词，empala相当于impala的复数形式。而后来出现的kampala，最早可能来源于干达人所说的“Kabaka ágenze e Kámpala “（卡巴卡去了黑斑羚那里）。——译者注

作为最重要的城市，坎帕拉是这个国家的商业、政治、行政、工业、文化和教育中心。目前人口据估计约为1,189,142人，差不多是全国城市人口的40%。城市所在的大坎帕拉行政区（Greater Kampala）的土地面积约为190平方公里。城市位于维多利亚湖以北8公里，海拔1300米（4265英尺）。全城坐落于46座平头小山之上，包括门戈山。后者已被划归大坎帕拉行政区的管辖，这样一来，它就不再可能成为势力已大不如前的布干达王国的复兴基地。

大坎帕拉地区的地貌决定了不同的土地用途。平缓的山顶被大教堂、政府和私立机构占据；中央商务区、工业区和穷人居住区则建在山谷；山脊则建有各种居住、商业和政府建筑。[43]

约75%的坎帕拉居民生活质量堪忧。贫困、便宜土地的
匮乏、过时的土地交易体制、失业、低收入、恶劣的棚屋居住 63
条件等，是造成低生活质量的原因。这导致近70%的坎帕拉居民生活在贫困线以下，即，按照20世纪90年代的标准，人均年收入低于171美元。[44]许多人没有足够的食物，只能从事城市农业（urban agriculture）以贴补食物和收入。[45]坎帕拉的棚屋区，如卡温佩（Kawempe）和马金迪耶（Makindye），以劣质房屋和城市基础设施匮乏而闻名，如道路、下水道和可饮用自来水等。坎帕拉棚屋区的生活方式，同时也是绝大多数市民的生活方式，与农村地区十分相似。事实上，中央商务区以外的坎帕拉基本上就是一座农村城市，它的棚屋区按照村庄的形态生长，住着很多尚未在城市立足的新来的“农村—城市”移民。[46]坎帕拉的棚屋区虽然贫困，但那里的生活依旧热闹。

坎帕拉的实体基础设施非常落后。其原因一来是由于20世纪70年代和80年代重创乌干达的政治动荡，二来是由于“农村—城市”移民涌入和高自然出生率导致的城市人口爆炸（年均增长约5%），三来是由于地方政府能力不足，无法满足城市日益增长的社会、物质和基建需求。例如，市政府每个月只能够回收并合理掩埋20%的生活垃圾。[47]

尽管坎帕拉的多数居民生活贫困，但这座城市也生活着少数中上阶层的居民。他们约占人口数的30%，这个比例还在不断扩大。这些阶层虽然人少，却控制了大部分的坎帕拉、乃至整个乌干达的财富，以及最好的工作、社区和高产的资源。有了这些资产，坎帕拉的富裕中上阶层得以生活得很好。20世纪70年代至80年代早期的内战曾几乎消灭了这座城市的中上阶层，但80年代中期以来他们又实现了复兴，并成为坎帕拉重建的先锋力量。城市的经济重新开始繁荣，城市周围正在兴建的高档住宅就是最好的证明。[48]

亚裔人口是坎帕拉富裕商业阶层最显著的特征。阿明曾于20世纪70年代早期将他们全部驱逐，并将财富分给了军队密友和支持者，试图将经济“非洲化”（Africanize）。当然，那些攫取了财富的人都是不合格的商业管理者，他们的生意很快就和国家经济一起陷入困境。为了加快国家经济的重建，穆塞韦尼政府近来允许被驱逐的亚裔回国，并收回他们的财产。不
64 少人因此重新回到了乌干达。凭借他们的商业才华，再加上社会、经济和政治制度的逐步恢复，以及中产阶层的崛起，乌干达得以重建新的经济基础，并在上一个十年实现了高速的经济增长。

恩德培的人口为55,086人。赤道穿城而过，海拔约3782英尺（1152米），坐落于坎帕拉西南约40公里的维多利亚湖畔。[49]恩德培在干达语中的意思是“座位”，前殖民时代曾有一酋长在这个地方建立宫殿，从而得名。城市始建于1893年，杰拉德·波特尔爵士选择在这里建立基地，成为英国殖民者在当地的行政和商业中心。自1894年至1962年独立时止，恩德培一直是英属乌干达保护国的首都，后由坎帕拉取代。但这座城市至今仍是乌干达总统府的所在地，内阁会议也会在此召开。作为殖民时代的首都，恩德培既有古老的（殖民）建筑，也有崭新的（后殖民）建筑，给城市带来了别样的混搭风情。在恩德培还有美丽的沙滩，是本地和国际游客的度假胜地。[50]

自1951年起，恩德培成为乌干达唯一的国际机场所在地，
因为首都坎帕拉崎岖的地貌不适合在其附近建设机场。1976 65
年，前独裁者伊迪·阿明允许一架遭劫持的以色列客机降落恩德培机场，触发了一系列连锁反应。最终，以色列突击队员对机场发动了猛烈攻击，解救了几乎所有人质，而这座以色列建造的机场在这个过程中则遭到了大面积破坏。

金贾位于坎帕拉以东80公里，坐落于维多利亚湖畔，扼白尼罗河的入口，人口71,213人。人口年增长率为3%，艾滋病感染率为10%，失业率38%，贫困率45%。因附近建有欧文斯瀑布大坝（Owens Falls Dam）和大型水电站，金贾成了全国的工业中心之一，出产有咖啡、鱼、油、谷物、烟草、塑料、木材、皮革、纸张和钢铁。[51]高速的人口增长（主要是过多的“农村—城市”移民）造成了高失业率和高贫困率，寻找工作的人数远多于工商业和政府部门可以提供的工作

数量。

和坎帕拉、恩德培一样，金贾的居住环境、基础设施和经济正在逐步走出70、80年代的阴影，但尚未完全复苏，仍面临着住房、工作及其他城市服务的短缺。金贾的地貌又多山谷和沼泽，是蚊子的天然培育厂，导致疟疾肆虐。[52]此外，这里的工业污染也威胁到了维多利亚湖，后者已遭水葫芦（一种多叶水生漂浮植物）入侵，航运业和捕鱼业因此蒙受重大损失。

传统房屋

乌干达的传统房屋多为由抹灰篱笆墙和干草屋顶组成的圆形小屋。建造这种传统房屋的材料和技术，会因不同地区的自然条件和部族生活方式而略有不同。传统房屋的大小，也取决于个人和家庭对空间的需求。例如，某些传统王国（如布干达）的房屋就非常大，尤其是卡巴卡穆特萨位于坎帕拉的家。但对多数乌干达人来说，更多的时间被用于户外活动，房屋因此可以变得很小、很朴素。多数房屋仅有一两个房间，里屋用来做卧室，而外屋则为起居室，穷困的家庭甚至会同时将起居室当作厨房和餐厅，而富裕一点的家庭则会有个充当厨房的偏
66 房。许多房屋没有室内下水道，人类排泄物会被丢弃室外，饮用水则取自附近的溪水和井水。80%的照明来自烟雾很大的煤油灯，当地人叫做“塔杜巴”（tadooba）；而约91%的乌干达农村家庭以柴火为主要的做饭燃料。

在传统社会，人们按性别划分住所，男人和女人分别住在各自的小屋。一个家庭的男性家长的小屋，往往被其妻子们的小屋环绕。年纪大一些的男孩也有单独的小屋，女孩和儿童则

和他们的母亲住在一起。不少农村地区今天仍保留着这些传统。

城市房屋

乌干达的城市房屋条件，可按年龄和用途分类，也取决于所有者来自哪个部族，以及他们的经济状况。在乌干达，最老的城区约有百年历史，从殖民时代到今天为止的各时期落成的房屋都可以被找到，尤其是在恩德培、坎帕拉和金贾。欧洲殖民者将现代建筑引入乌干达，早期殖民建筑的代表作有坎帕拉的帝国饭店（Imperial Hotel），以及市内纳米伦贝山（Namirembe Hill）的圣保禄主教座堂（St. Paul's Cathedral）。城市房屋也可以按用途分类，从普通住宅、政府机关、宗教会堂到商业建筑应有尽有。在坎帕拉等城市里，政府和宗教团体拥有的房屋规模巨大，知名的有纳米伦贝山的圣保禄主教座堂、基布利清真寺（Kibuli Mosque）、印度教神庙、议会大厦和麦克雷雷大学的主校区。商业建筑则占据了乌干达城市的中央商务区。由于内城土地成本高昂，那里的建筑多为钢筋、水泥、砖块等耐久材料建造的高楼。

乌干达城市居民的部族多样性，以及他们不同的社会经济阶层属性，还影响到了城市住宅的多样性。非洲人、欧洲人和亚洲人为城市带来了部族的多样性，也划分出了不同的住宅类型。每个部族都想通过住宅来展示自己独特的建筑文化。在乌干达，欧洲建筑是城市房屋的主流，因为这个国家的城市主要是由欧洲人建立并发展起来的。这样的历史也在某种程度上疏远了城市和本土居民的关系。

城市房屋还可以按所属的经济阶层分类。例如，在多山的坎帕拉，中上阶层占据了山脊的上端，而低收入人群只能生活在山脊下端和山谷底部的高密度定居点中。中上阶层的房屋采
67 用耐久材料建造，如砖块、石头和水泥，红瓦作顶，通常坐落于事先规划过的、人口密度低的社区。贫困地区的房屋规划则毫无章法，建筑材料的质量也很糟糕。

总体而言，59%的乌干达城市住宅采用砖块、水泥等永久性材料建造，17%砌有泥浆木杆混合而成的外墙，82%有铁皮屋顶覆盖。39%的住宅用电来提供照明，33%用煤油灯；67%的住宅用木炭生火，22%用普通柴火；93%的住宅有安全的饮用水，2%出头的住宅则缺少便利的厕所设施。

注释：

1. 菲利普·K. 库韦西加，“麦克雷雷的艺术和设计：可视图像的教育方式”，非洲艺术、设计、教育交流研讨会论文，2001年6月14~15日，艺术和设计大学，赫尔辛基，芬兰，第11页，http：//arted. uiah. fi/adeea/adeea1. pdf。

2. “莉莉安·纳布里美”，《艺术室》，2001年，http：//www. theartroom-sf. com/ lilian. htm。

3. 菲利普·K. 库韦西加、凯瑟琳·贡贝、卡布巴·卡皮亚，“给芬兰同事的乌干达概况”，非洲艺术、设计、教育交流研讨会论文，2001年6月14~15日，艺术和设计大学，赫尔辛基，芬兰，第7页，http：//arted. uiah. fi/adeea/adeea1. pdf。

4. “乌干达艺术”，《古鲁维》，2004年，http：//www. guruve. com/ discover_ /uganda. htm。

5. 库韦西加，“麦克雷雷的艺术和设计”，第9页。

6. “乌干达艺术”，《古鲁维》。

7. 同上；库韦西加，“麦克雷雷的艺术和设计”，第10页。

8. 西德尼·利特菲尔德·卡斯菲尔，《当代非洲艺术》（伦敦，泰晤士和哈德逊，1999年），第64～66页。

9. 库韦西加、贡贝、卡皮亚，“乌干达概况”。

10. 库韦西加，“麦克雷雷的艺术和设计”；乌干达艺术”，《古鲁维》；卡斯菲尔，《当代非洲艺术》，第151页。

11. 卡斯菲尔，《当代非洲艺术》，第151页。

12. 库韦西加，“麦克雷雷的艺术和设计”，第9～10页。

13. 凯瑟琳·贡贝，“本土陶艺在乌干达的经济潜力”，《艺术和设计教育期刊》，第21卷第1期，2002年2月，第44～51页。

14. 卡斯菲尔，《当代非洲艺术》，第16页。

15. 同上，第130～132页。

16. 库韦西加，“麦克雷雷的艺术和设计”，第10页；卡斯菲尔，《当代非洲艺术》，第64至66、130页。

17. 库韦西加，“麦克雷雷的艺术和设计”，第11页。

18. 卡斯菲尔，《当代非洲艺术》，第151页。

19. 东非美术中心，“乔治·吉耶尤奈”，2004年，http：//www.theartroom-sf. com/gkyeyune. htm。

20. “莉莉安·纳布里美”，《艺术室》。

21. 同上。

22. 东非美术中心，“布鲁诺·塞伦库玛”，2001年，http：//www.theartroom-sf. com/bruno. htm. 。

23. 卡斯菲尔，《当代非洲艺术》，第142～145页。

24. 同上，第66～67页。

25. 东非美术中心，“努瓦·恩尼安齐”，2001年，http：//www.theartroom-sf. com/nuwannyanzi. htm。

26. 库韦西加，“麦克雷雷的艺术和设计”，第11页。

27. 东非美术中心，“皮尔金顿·塞恩干多”，2001年，http：//

www. theartroom-sf. com/ssengendo. htm。

28. 同上。

29. 贡贝，“本土陶艺”，第45～48页。

30. 汤姆·萨尼亚，“这些年的乌干达建筑”，2005年，http://www. ugpulse. com/articles/daily/homepage. asp? ID = 114。

31. 马克·R. O. 奥卢韦尼、杰克琳·瓦杜罗，“寻找身份：乌干达的建筑和城市主义”，建筑与身份会议论文，柏林，德国，2004年12月6～9日，http://www. architecture-iden-tity. de/conference _ abstracts _ olwenywadulo. htm。

32. 瑞塔·M. 拜恩斯，“社会与环境”，《乌干达：一个国家研究》，瑞塔·M. 拜恩斯主编（华盛顿，哥伦比亚特区，国会图书馆，1992年）。

33. 约翰·R. 奈特、威廉姆·E. 赫林、阿尔森·M. 巴利胡塔，“住房价格和发育中的房地产市场：来自乌干达的证据”，《房地产金融和经济学期刊》，第28卷第1期，2004年，第5～18页。

34. 杰克琳·伍德福克，“城市与建筑”，《1885年以前的非洲文化和社会》第2卷，托因·法罗拉主编（达勒姆，北卡罗来纳州，卡罗来纳学术出版社，2000年）。

35. 拜恩斯，“社会与环境”。

36. 奈特、赫林、巴利胡塔，“住房价格”。

37. 伍德福克，“城市与建筑”。

38. 拜恩斯，“社会与环境”。

39. 海克·贝伦德，《艾丽丝·拉科韦纳和圣灵：乌干达北部的战争1985～1997》（雅典，俄亥俄大学出版社，1999年），第16～17页。

40. 乌干达统计局，“2002年人口和住房普查”，2005年，http://www. ubos. org/

41. “有关坎帕拉的事实”，《体验非洲》，2004年，http://www. experienceafrica. co. uk/H4. htm。另见V. P. 基雷加—加瓦，“坎帕拉——

阳光下的绿城”，2000 年，http：//www. kampala1. com/kampala. html。

42. 保拉·简·戴维斯，“论坎帕拉城镇女性的性”，《今日非洲》，第 47 卷第 3 期，2000 年 11 月 1 日，第 29 ~ 60 页。

43. 萨缪尔·维维安·马塔吉，“乌干达首都坎帕拉的环境问题”，《环境监测与评估》，第 77 卷第 2 期，2002 年 7 月，第 121 ~ 138 页。

44. 克里斯蒂·戈姆贝，“奥维诺市场的饮食与会面：乌干达坎帕拉的市场商贩、城市政府和世界银行”，《街头民主：全球权力边缘的政治结构》，乔纳森·贝克主编（多伦多，界限出版社，1999 年）。

45. 丹尼尔·G. 麦克斯威尔，“最高产和最佳的用途：在城市土地进行半自给自足粮食生产”，《土地使用政策》，第 13 卷第 3 期，1996 年 6 月，第 181 ~ 195 页。

46. S. W. 林赛、T. G. 埃格旺、F. 卡布耶、T. 穆塔波、G. K. 马图瓦莱，《乌干达坎帕拉和金贾的社区级疟疾防治环境管理项目》，活动报告第 140 号，美国国际开发署全球卫生局卫生、传染病和营养办公室资助，华盛顿，哥伦比亚特区，2004 年 9 月。

47. 马塔吉，“乌干达首都坎帕拉的环境问题”。另见 F. B. 恩苏布加、F. 坎西迈、J. 奥考特—奥库穆，“乌干达坎帕拉高居住密度和低居住密度区域受保护泉水的污染”，《地球物理和化学》，第 29 卷第 15 ~ 18 期，2004 年，第 1153 至 1159 页。

48. 林赛等，《社区级环境管理项目》。

49. 民用航空管理局，“恩德培国际机场的历史”，2001 ~ 2003 年，http：//www. caa. co. ug/history. php。

50. “非洲热带观光 2004：恩德培——乌干达的门户”，2004 年，http：// atskenya. com/ugtowns. asp？ id = 11&tow = Entebbe。

51. 《朋友》，2003 年 7 月 14 日，http：//www. amicaall. org/publications/profiles/ jinja. pdf。

52. 林赛等，《社区级环境管理项目》。

69 五、餐饮与传统服装

餐 饮

乌干达的餐饮可按不同的生态圈和部族来分类。该国生产的粮食作物品种繁多，尤其是在农业条件更好的南部、西部和中部地区，例如菜蕉、香蕉、玉米、水稻、红薯、甘薯、花生、南瓜、白豆、豇豆，以及各种绿色蔬菜和水果等。这些食物的做法有很多种，以满足不同部族的口味。

传统上，乌干达的农耕班图部族是种植这些作物的主力，如干达人、索加人、安科莱人、托罗人、尼奥罗人和基加人。他们的肉类食物来源于野生动物，以及家养的鸡、羊和牛，与过去没有太大变化。但由于野生动物的栖息地随着人口增长而不断萎缩，猎捕它们的机会明显减少了。

在更为干旱的北部，主要的粮食作物有木薯、小米、高粱和芝麻，以这些食物为生的是尼罗人和尼罗—含米特人，如阿乔利人、阿鲁尔人、赛贝人（Sebei）、卡拉莫琼人、泰索人和兰戈人等。他们多数也从事农耕，唯独卡拉莫琼的牧人，世代

以牛的肉、奶、血为生，并和周边的农耕部族交换小米等谷物。这个地区农耕部族的肉类食物长期来源于鱼和野生动物， 70
当然后者的重要性已大不如前。

乌干达有超过30个不同部族，因此很难形成一种具有代表性的国菜。当然，马托基（matooke）也许可以算是乌干达的国菜，它深受本土乌干达人的喜爱，尤其是占据人口多数的南部班图部族。[1]马托基是一种由绿色的大蕉捣碎而成的食物，常配以花生酱，有时也可以用“卢旺波”（luwombo，鸡肉、羊肉或牛肉烂炖而成的肉汤）代替。制作马托基的工序如下：将绿色的大蕉去皮，煮熟，然后捣碎。花生酱则由捣碎的花生、洋葱末、西红柿末和盐在水中混合煮开而成。

除了经典的马托基这道菜，其他的常见菜肴也遵循了淀粉—肉类蛋白的营养模式，包括玉米糊（posho/ugali/nsima）①，这是一种类似于意大利玉米粥的粗粮，常配以焗豆或肉酱，饮料则以香蕉啤酒（marwa/pombe）和水为主；烤木薯和切片红薯，配以豇豆酱；以及，马托基或玉米糊配烤鱼或鱼汤等。乌干达人还喜欢吃些小食，如烤“恩塞奈奈”（nsenene，雨季时的绿蚱蜢）和烤白蚁。城市地区更喜欢吃玉米糊，因为它比马托基便宜，而对吃惯了小米和木薯的乌干达人来说，玉米糊也是一种很好的淀粉替代品。许多学校也给学生提供玉米食 71
物，早餐常吃“乌吉”（uji，一种由玉米粉、糖和水混合而成的粥）。

---

① 乌干达人喜欢叫这种通行于东非的食物为posho，而沿海的肯尼亚和坦桑尼亚人则更多地将其称为ugali（乌嘎喱）。——译者注

玉米随着葡萄牙人的舰船才来到东非，却很快成为乌干达乃至整个东非地区的流行主食。在干旱的乌干达北部，红薯也取代木薯成为主要的粮食作物，对这个国家的营养状况、粮食安全和经济发展愈发重要。乌干达已成为东非最大的红薯种植国。红薯的消费呈季节性变化，在饥荒时期达到顶峰。无论对农村还是城市贫民来说，红薯既是一种收入来源，也是一种廉价的粮食。[2] 乌干达的水果品种也很丰富，水果既可以配餐，也可以当作全天候的小食，如香蕉、木瓜、西瓜、芒果、百香果和菠萝蜜等。在乌干达，水果和粮食主要通过市场进行销售，如坎帕拉的纳卡塞罗市场（Nakasero）和奥维诺市场（Owino）。

乌干达的城市地区部族多样、收入更高，因此可以享受到更多种类的食物。除了以上提及的传统食物，城市居民还喜爱更为现代的东西，如米饭、小麦面包、肉汤配印度面饼“恰帕提”（chapatti，一种由小麦面粉、水和盐制成的未经发酵的圆形扁平面包）、印度咖喱角“萨布萨”（sambusa，一种美味的肉或蔬菜馅饼）①，以及油炸圈饼“曼达齐”（mandazi）。在大都市坎帕拉，可以找到最好的乌干达美食，也有来自各国的餐馆，如欧洲菜、中国菜、印度菜、法国菜、意大利菜和希腊菜等。当然，能够享用这些外国佳肴的人，主要是城市中的非本土居民、游客和非洲本土精英。

维多利亚湖、基奥加湖、爱德华湖、乔治湖、艾伯特湖和尼罗河为乌干达提供了丰富的鱼类资源。[3] 鱼类消费盛行于湖

---

① 今天更为常见的叫法为 samosa。——译者注

畔和城市地区，却不太受传统游牧民的欢迎，如希玛人（Bahima）[①] 和卡拉莫琼人。该国最具经济价值的三种鱼类为泥鱼（mudfish）[②]、尼罗河大鲈鱼，以及比鲈鱼小得多、味道却更好的罗非鱼（tilapia）。这三种鱼都可以用来烤、炸或炖汤，并配以玉米糊等主食。商业化养殖的鳄鱼肉也正逐渐被人们接受。

乌干达人通常一日三餐，每餐间隔六七个小时，期间一般不加餐（随处可见的水果除外），这是因为不少人的生活还很贫困，而食物的加工、储存和运输条件也很落后。更穷一些的乌干达家庭甚至没法做到一日三餐。乌干达人的早餐通常从日出开始，至上午9点前后结束；午餐则在正午前后；而晚餐则从日落开始，直到晚10点左右。早餐、午餐和晚餐的内容随 72
地点、部族和收入而异，但多数乌干达人的早餐都会由一两杯玉米粥，再搭配些香蕉。加入牛奶的玉米粥则会更加美味。富裕一些的家庭还能享受到咖啡、茶和面包。午餐主要有马托基（或其他淀粉类食物）、煮过的红薯、焗豆，再配上花生酱或肉酱。晚餐和午餐的内容大同小异，富裕一些的家庭还会有米饭和肉汤。

乌干达的社会结构决定了做饭的责任主要落于女性身上。男性通常从事食物的生产，却很少参与制作。用餐礼仪则强调

---

① 这是一个生活于乌干达西南部（而非北部）的班图游牧部落，是安科莱人的一支，前文未曾提及。——译者注

② 泥鱼是生活在泥潭里的三种鱼的统称：非洲肺鱼（Protopterus，一种可以在岸上行走和呼吸的鱼）、淡水鳗鱼和泥鳅。——译者注

男性优先，尤其是年长的男性，可以先挑选大份食物。女性和
73 儿童通常情况下不与男性同时用餐。宗教家庭用餐前还会祷
告。乌干达人习惯用手吃饭，刀叉和勺子只在城市地区或吃外
国食物（如米饭）时才被普遍接受。

乌干达的农村家庭在做饭时，会先用石头搭起火炉，再将罐子置于其上。这些罐子可以是传统样式的，也可以是现代设计，而做饭的燃料则主要来源于柴火、农作物废料和牛粪。带烟囱的泥土灶台近年来在农村变得愈发流行，改善了做饭环境，也提高了燃料效率。富裕一些的城市家庭则更喜爱以电力或燃气为燃料的炊具。由于燃气和电力供应的短缺，他们也会备有煤炉。煤油则主要用于照明，很少人用它来做饭。由于廉价冰箱和电力短缺，食物也很少被冷藏。

饮料

乌干达的饮料品种也很多。除了水之外，乌干达人还从食
74 物中酿制了不少地方饮料，如香蕉、玉米和小米。“瓦拉吉”
（Waragi）是一种由香蕉或木薯酿制而成的金酒（gin），它或
许是乌干达最流行的饮料，该国的几大酿酒商均在酿制和销售
不同种类的“瓦拉吉”。乌干达人还喜欢喝国际上流行的软
饮，如可乐、芬达和雪碧，以及源自本国丰富水果资源的各种
果汁。

用餐时喝的饮料因用餐者的年龄、职业和收入而异。富裕的乌干达人可挑选非常多的饮料。当然，年龄和社会阶层不同的乌干达人都喜欢喝水。女性、儿童和戒酒的男性则喜欢牛奶、果汁和碳酸饮料。高收入人群则可以在用餐时享受啤酒、

葡萄酒和麦芽酒。和其他国家一样，酗酒也是乌干达面临的主要社会问题之一。

餐饮与仪式

如同其他的非洲社会，食物和饮料也是乌干达的社会仪式中不可或缺的部分，如婚礼、命名礼、葬礼等人生各阶段的大事和庆典。在传统社会，餐饮还是祭祀活动的一部分，食物和饮料（尤其是啤酒）被用来贡献给神祇。不过，随着基督教和伊斯兰影响的日益扩大，传统宗教的信仰者越来越少，他们的宗教仪式也日渐式微。对今天的乌干达人来说，婚礼也许是最富庆典气氛的仪式，操办婚礼的家庭会竭尽所能提供优质、昂贵的食物，如面包、米饭、肉汤、碳酸饮料和蛋糕等。

乌干达餐饮的国际化

乌干达的餐饮正日趋国际化。推动这一趋势的因素有很多，比如越来越多的乌干达人去了国外旅行，来到乌干达旅游的游客也在不断增多，而国际媒体在乌干达的普及则将外国食品广告和食谱介绍给了国内观众。此外，国际食品公司和供货商在乌干达的影响力越来越大，再加上乌干达人的收入也在日益提升，所有这些因素都加速了他们对外国餐饮的消费。

数量日益增多的外国游客、商人和国际连锁酒店（如喜来登）也促进了外国餐饮的消费。而城市化的不断深入也意味着有更多的乌干达可以接触到外国食物，并将这些食物带回他们的农村家乡。在乌干达，消费外国食物通常也是较高社会地位的象征，这其实是推动该国餐饮国际化的重要因素之一。

75 另一个同等重要的因素是，20 世纪 60 年代至 80 年代乌干达的政治动乱制造了大批流亡海外的乌干达人。他们不仅给暂居的国家带去了乌干达的本土美食，也随着 80 年代中期战争结束、回归家乡的大潮，为乌干达带来了新口味的食物。更有一些人选择留在了国外，他们和近来自愿离开乌干达的移民一起，组成了一个新兴的乌干达移民群体，不仅拉近了乌干达与世界的关系，也为乌干达的餐饮带来了更多的国际风味。

传统服装

乌干达的传统服装多就地取材，如树叶、树皮、草，以及牲畜和野生动物的毛皮。[4] 传统服装因性别和部族而异。有些部族，如定居的班图人，着装相对复杂。女性通常身着长款的树皮布，从腋窝一直延伸至双腿，以腰带固定，并装饰有珠串和手镯。男性也身着类似的树皮布，靠一侧肩膀处的绳结固定，而他们的工作服装通常只是盘于两腿之间的一块简单腰布。班图人的服装既可以由两块布组成（上身的布和下身的布），也可以是长度及膝的一整块大布，唯一的区别是，女性的服装盘在腋下胸前，而男性服装的上沿则从一肩打结固定，并盘于另一侧的腋下。贵族的服装还包括了帽子和豹纹外套，属于盛装的行列。青春期之前的儿童则几乎不穿衣服，唯独女孩会佩戴艳丽的项链和耳环。

个人饰品流行于乌干达的多数传统社会，随部族和宗教信仰而异，在北部干旱地区更为常见且华丽。这也许是因为干燥的气候利于饰品的保存。这些饰品主要有文身、珠串、耳环、鼻唇环、手镯、食用油、“基油”（ghee，一种提炼过的黄油）、头饰、牛粪和赭色人体绘画等。纹身最常见于姆巴人（Bamba）[①]、希玛人（游牧的安科莱人）和兰戈人。以兰戈人为例，女性前胸后背均有文身，而男性只文后背，男女通常都用食用油或基油来润滑皮肤。

不少部族（如卢格巴拉人）还将拔去牙齿当作个人装饰、 76
成人礼或治病手段，尤其是下排的前 2 至 6 颗牙。从医学角度将，去除这几颗牙齿方便了流食的进入，有利于维系病人的生命。卡拉莫琼等游牧部族则常将牛粪作为身体乳使用。卢格巴拉人还像肯尼亚的马赛人（Maasai）那样，用赭色染料在身体上绘画，既是装饰，也是成人礼的一部分。卡拉莫琼的男人还会穿动物毛皮制成的拖鞋。甚至还有一些部族几乎不穿衣服，如类俾格米部族姆布提人传统上（甚至今天）喜欢裸体。

几乎每个传统的乌干达部族都有特殊用途的服装。例如舞者的服装，包括了草裙，掸子，珠串、贝壳和羽毛装饰的夸张头饰，脚踝处的铃铛等。武士、萨满巫师和巫医也有他们特殊的服装。这些服装不仅有实际用处（如音乐家的服装），更被认为具有某种魔力（如巫医的服装）。

现代流行服装

现代流行服装随基督教和殖民主义的到来而传播至乌干

① 又叫布维西人（Babwisi），是生活于乌干达西部与刚果（金）接壤地区的一支俾格米矮人，前文未曾提及。——译者注

达。欧洲来的基督教传教士认为本土服装过于暴露，便从布干达这个 19 世纪中叶起就与西方文化接触的地方开始，改变乌干达人的服装。传教士们为女性设计了一款长及脚踝的维多利亚式长裙，叫做“戈麦西裙”（gomesi）或者“布苏提裙”（busuti），男性也有类似的长款束腰外衣。戈麦西裙慢慢地流行到了全国范围，发展出亮丽多彩的款式，并配有垫肩和华丽的腰带。昂贵的戈麦西裙甚至以进口丝绸为材料，腰带正面还配有彩结。戈麦西裙的下摆还可以裹上棉质的布料，当地人称为“康嘎布”（khanga）[①] 或“基科伊布”（kikoi），用途广泛，可以当作围裙使用。[5] 由于戈麦西裙不太轻便，往往只在特殊场合才穿着，如婚礼、订婚仪式、葬礼、全国性正式活动、教会活动和接待重要人物。[6] 同时还可以配上正式的鞋子、头巾、手包和手表。在这些场合，乌干达的男性可以穿着西装，或者白色及地的长款束腰外衣，当地人叫做“坎祖袍”（kanzu）或者“布布袍”（boubou），并可配上长袖夹克和鞋子。有些坎祖袍还绣有花纹。有些男性也戴帽子。商人则更喜
77 欢穿西装和领带。基督徒新郎通常也身着西装，新娘则着西式婚纱。

在日常生活中，乌干达女性常身着连衣裙，或衬衫搭配及膝短裙。乌干达的传统文化并不支持女性穿长裤，但城市地区已有越来越多的女性这样做了。老年女性常会裹上头巾。男性普遍穿长裤，或者以短裤搭配 T 恤、衬衫、帽子、毛衣和夹

---

① 康嘎布是一种流行于东非大湖地区的非洲传统布料，非乌干达独有。中国援建的坦桑尼亚友谊纺织厂即以生产这种布料出名。——译者注

克。“坎帕拉外套”（kampala jumpa），一种绣花短袖衬衫，是乌干达男性喜爱的一种休闲、正式两用服装。[7]而中小学生则要求穿校服。

饰品

现代饰品已在乌干达普及。女性的饰品有项链、手镯、帽子、手表、耳环、戒指等，她们的头发也会根据婚礼、教会活
动的需要而梳理编织成不同款式。女孩和生活贫困的女性则只 78
能留短发。主流的男性饰品有手表、项链和手镯。

时尚

乌干达既有传统时尚，也有现代意义的时尚。传统时尚的服装流行于西化较少的地区，如北部。而即使是更为发达的地区（如布干达），传统服装（如树皮布）仍在典礼上穿着。

西式时尚和消费模式流行于更为西化的地区，尤其是城市精英，他们是这个国家高档商场的主要顾客，如坎帕拉的“肖普莱特”超市（Shoprite）。乌干达富裕的年轻人也喜爱高档的欧美服装和鞋子，如耐克、阿迪达斯、邓禄普和锐步等，它们的普及要归功于国外电视节目、杂志、音乐视频和跨国公
司在乌干达日益增强的影响力。这些品牌即使对中低收入的乌 79
干达人来说也不陌生，因为他们可以买到二手的欧美衣服和鞋子。而不论哪个社会阶层的乌干达人，都喜欢欧美流行球队的周边运动产品。

西式时尚流行的另一个重要因素是，在乌干达经营的跨国公司和度假酒店（如喜来登）吸引了大批身着流行物件的欧

美游客。不过，来自尼日利亚和刚果的本土改良版男女服装，近来也在乌干达逐渐流行起来。

80 服装与身份

服装是表达身份的最重要手段之一，可以传递个体、部族、宗教、阶层、性别、年龄和职业等信息。个体的服装偏好是个性的展示，而部族、阶层、性别、年龄和职业的服装偏好则给予个体以团体的归属感，并与其他团体区别开来。

尽管今天的服装和部族身份的关联已不如前殖民时代那么明晰，但某些服装的颜色、款式和装饰仍可用来区分生活在乌干达的不同部族。

在现代乌干达，不同职业、宗教和性别的服装偏好最容易被识别。例如，医护人员、安保人员和中小学生在执勤和上学时都必须穿着制服。传统的君主在履行官方职责时身着王室礼服，而高级政府官员和企业高管通常着西装或坎祖袍工作。同理，乌干达的穆斯林女性会披面纱或“希贾布”(Hijab)[1]，而男性通常着特本头巾（turbans)、长白袍、普通帽子或花帽(skullcaps)。多数乌干达女性穿连衣裙、衬衫和短裙，有时也穿长裤。总的来说，乌干达人穿着适合自身年龄的现代服装，而在某些不太现代的地区，传统服装依旧普遍。

① 穆斯林妇女的头巾。——译者注

注释：

1.《光谱导游之乌干达》（内罗毕，肯尼亚，相机图片出版社，2004 年），第 278 ~ 279 页。

2. G. J. 斯科特、J. 奥蒂诺、S. B. 菲利斯、A. K. 穆干加、L. 马尔多纳多，“乌干达食物体系中的红薯：增强粮食安全和减少贫困”，CIP 项目报告，1997 ~ 1998 年，http：//www. cipotato. org/market/PgmRprts/pr97-98/40uganda. pdf。另见 B. 奥东戈、R. O. M. 姆旺加、C. 奥沃瑞、C. 尼林吉耶、F. 奥皮奥、P. 埃威尔、伯加·莱玛加、G. 阿格瓦罗、L. 塞伦乔吉、E. 阿比丁、J. 基卡丰达、R. 马扬加，“发展和推广橙色瓤红薯来缓解乌干达的维生素 A 短缺”，2002 年，http：//www. cipotato. org/vitaa/Proceedings/VITAA-paper-Uganda-FINAL% 20BY%20CDYER-8Apr2002. pdf。

3. C. T. 基雷玛—穆卡萨、J. E. 雷诺德，“乌干达鱼类市场和消费”，联合国粮农组织，1991 年，http：//www. fao. org/documents/show_cdr. asp? url_ file = /docrep/006/AD146E/ AD146E01. htm。

4. 理查德·恩齐塔、姆巴加—尼旺帕，《乌干达的民族和文化》（坎帕拉，泉水出版社，1997 年）。

5. 巴里·麦克威廉姆斯，“乌干达的购物”，2002 年，http：//www. eldrbarry. net/ ug/ugshop. htm。

6. 查尔斯·奥尼扬戈—奥博，“简内特·穆塞韦尼、西尔维娅·纳金达、米利亚·奥博特：关于美丽、时尚、金钱”，《每日观察报》，1999 年 11 月 3 日，http：// www. africanews. com/article335. html。

7. 麦克威廉姆斯，“乌干达的购物”。

81 # 六、性别角色、婚姻与家庭

在任何社会，婚姻和家庭都是最重要的社会制度，因为它们是社会再生产的保障，即，通过生育和抚养行为，为社会提供负责任的下一代成员。有鉴于此，乌干达人高度尊重婚姻和家庭，懂得它们对社会延续的重要性。和世界上的多数地方一样，乌干达的家庭始于婚姻。

乌干达社会成员的性别身份、表达和角色，由一系列文化规则掌控。要理解乌干达的社会组织，就必须首先理解性别决定了一个人在社会中的位置，男性和女性有着各自的角色，但都是独特的乌干达文化的一部分。由于乌干达是一个父权社会，男性因此比女性有更多机会获得社会经济资源和特权。

血　统

血统是乌干达的个人和部落身份的基石。就全球范围而言，追溯一个人的血统主要有四种方式：父系血统、母系血统、双系血统和双系继嗣（bilateral decent）①。乌干达是父权社会，因此基本没有母系血统、双系血统或双系继嗣现象存在。

血统不仅可以确定个人身份，也是财产继承规则和以部落 82
为单位的社会系统的关键因子。部落本质上是一个范围更广的家庭，所有成员的血统都可追溯到一个共同的男性祖先。部落不论大小，成员皆以近亲互称，族内通婚则相应被视为乱伦。

一个人的部落地位往往胜于家庭地位。这是因为乌干达社会多按公社形态组织起来，个人的成功、苦难和错误都会归因于整个部落的作用。正因为如此，乌干达社会最严厉的惩罚之一就是驱逐出部落，使之成为一个无依无靠的人。这种部落系统根基非常深厚，例如，干达人的孩子的姓，常来自部落名而非父亲的姓名。这样一来，从干达人的名字中很容易辨识出他们来自哪个部落，却无法得知他们父亲是谁。由于部落如此重要，忽视一个人的部落祖先和历史，就相当于忽视其社会地位和归属感。[1]

婚　姻

婚姻是传统乌干达最重要的社会风俗之一。多数乌干达部族生活于公社制的村庄，婚姻一直是连结家庭、血统和部落的

---

① 双系血统指的是后代可以同时从父系和母系获得继承权，而双系继嗣值得是继承权既可以留给男性后代，也可以留给女性后代，是截然不同的两个概念。——译者注

核心纽带。新郎新娘各自的大家庭在历史上也一直扮演着保障婚姻的重要角色。人们尤其信赖年长和经验丰富的部落成员来解决婚姻冲突，他们的决定有时甚至是强制性的（以基加人为代表）。这样一来，对传统乌干达婚姻来说，离婚是很罕见的。不过也有例外，如干达人和基加人在历史上曾有很高的离婚率。

在乌干达社会，婚姻会给男女双方带来较高的社会地位。例如，干达人在历史上曾认为未婚男女是不完整的人，他们因此得不到太多尊重。传统上多配偶（polygamous）的男性地位高过只有单个配偶（monogamous）的男性。男性可拥有的妻子数量，仅受限于他有多少钱来娶妻并供养她们。布干达的彩礼在过去并不昂贵，加上气候适宜、土壤肥沃，干达男性很容易就娶到多位妻子。[2] 而现在这些物质条件已大不如前，导致了多妻制在布干达的衰落。

现代乌干达的婚姻制度已经历了深刻的变化，其所依赖的社会经济和文化条件和过去已经不太一样。不断深入的城市化进程，引发了传统文化的衰落，改变了性别角色和社会经济条
83 件，这些因素都推动了单配偶婚姻的显著增多。现代经济的发展又带来了不断变动的机遇，不同地区的人口因此相互迁徙、融合、增长，打破了传统社会的许多婚姻禁忌，如禁止部落内部通婚。而曾经不太受欢迎的跨部族婚姻，也变得愈发普遍。西式求爱和婚礼在城市地区尤其流行。当然，部族、宗教、职业、家长意见和社会阶层等因素，依然是现代乌干达求爱和婚姻过程中的重要考量。

与此同时，离婚也愈发常见，通常由妻子一方的不忠行为

或丈夫一方的冷漠和虐待引起。在乌干达，由丈夫的不忠行为导致的离婚比较罕见，因为父权社会更不能容忍女性的不忠。不过，日益增强的基督教势力和西方思想正在逐步改变乌干达人对男女不忠的偏见。

婚姻形式

单配偶或多配偶的异性结合是乌干达的主流婚姻形式。多妻制（polygyny，男性同时拥有超过一名妻子）是这个国家最常见的多配偶婚姻形式。而多夫制（polyandry，女性拥有超过一名丈夫）在乌干达是一种禁忌，也不存在。从而，乌干达的多配偶婚姻其实就是多妻制。

多妻制曾广泛流行于传统的乌干达社会，有以下几个原因。首先，传统社会的人口结构是女多男少。在这样一个注重家庭的社会里，无论男女都无法接受终生不婚。这个社会还注重孩子的地位，尤其是男孩，因为孩子是整个社会支持系统的重要一环，尤其当父母老后。当然，女孩通常不被重视，因为她们在婚后加入了别的家庭。在孩子如此重要的情况下，没有孩子的婚姻就会被视为不完整的，或是受诅咒的。没有孩子的夫妇会想尽办法治疗，以求受孕。如果还是不成，他们最后会求助于传统巫医和占卜师，来帮助化解巫术或祖先诅咒造成的无嗣难题。没有孩子通常又被认为是女性的问题，导致不少女性因此而离婚，以掩饰她们丈夫的性无能。

第二，由于乌干达是父权社会，女性因此无法继承财产，特别是土地（除布干达外）。传统上，女性只能通过嫁人来确保土地和牲畜，哪怕是嫁给多妻的男性。这对乌干达这样的农业社会来说，是重要的生活保障。

84 第三，传统乌干达社会重视大家庭。事实上，男性的名望常取决于他的妻子和孩子的数量。充裕的农田草场、高婴儿死亡率、较短的人均寿命和传统社会中较低的生活成本，都鼓励了多妻制的实施与传播。对卢旺达人和富比拉人(Bafumbira)[①] 而言，单配偶的婚姻就如同娶了自己母亲那样大逆不道。[3] 在多妻制被普遍接受的情况下，一名男性可以拥有的妻子数量，仅受限于他有多少钱来娶妻并供养她们，以及他的年龄。

第四，乌干达主流宗教之一的伊斯兰教，允许男性至多娶四名妻子。这样一来，多妻制在该国的传统穆斯林社区就变得很常见，他们也自然反对废除这一制度。[4]

随着乌干达的现代化，支持多妻制的物质和文化条件已经大不如前，这种婚姻制度在总体上正走向衰落。人们也愈发鄙视多妻制，因为多妻的家庭更容易受生活成本上升的影响而沦为贫困，妻子们也经常因嫉妒而产生矛盾。多妻制也被视为艾滋病的主要传播途径之一，只要有一人感染病毒，其他家庭成员最终都会被传染。[5]

婚姻类型

乌干达的婚姻有传统的，有宗教的（基督教、伊斯兰教

---

① 富比拉人是乌干达对胡图人（Bahuutu）、图西人（Batutsi）和特瓦人的统称，他们生活于西南部与卢旺达接壤的地区，和卢旺达人无异。——译者注

等），也有民事的。传统婚姻遵从乌干达本土的风俗；宗教婚姻遵从各宗教的习惯和仪式；而民事婚姻则基于乌干达的民法。乌干达的现代化进程在导致传统婚姻日趋衰落的同时，激发了更多的宗教和民事婚姻，特别是在城市地区。当然，传统婚姻依旧是农村地区的主流。

传统婚姻

不同乌干达部族的婚姻风俗差别很大，尤其是在广义的班图人、尼罗人、尼罗—含米特人和苏丹人之间（参见第一章）。例如，多数班图部族的婚礼安排都很简单，仪式较少，而尼罗人正好相反。但是一个家庭的形成必须历经求爱、支付彩礼、结婚，这在所有部族都是一样的。传统婚姻多由父母、媒人或部落近亲安排。也有越来越多的男孩先自己找到伴侣， 85
再征求父母对他们婚姻的认可。

求爱的过程在不同的乌干达部族之间也有很大差别，但一般都由男孩或其父母发起。习惯上都是男孩追求女孩，而不是反过来。在传统社会，求爱过程受家庭和部落成员的监督，以防止婚前怀孕。对孔乔—姆巴人、基加人以及卢旺达—富比拉人而言，女孩的贞操非常重要，对婚前怀孕的惩罚曾是死刑，通常会将这名女孩遗弃在偏僻的森林里。但没有任何证据表明，致使女孩怀孕的那名男孩也要受到相似惩罚。

还有一些部族（如卡拉莫琼人）允许婚前性行为，前提是能避免怀孕。一旦发生婚前怀孕，卡拉莫琼人会强行让这对情侣结婚，并对男孩处以30头牛的重罚。其他部族虽然不会如此重罚男孩，但基本都有强制结婚的风俗。但随着社会的不断现代化，人们对非婚生子越来越包容，这种风俗也变得愈发少见。此外，强制结婚也有很大的弊端，因为有的婚前怀孕是陌生人或罪犯强奸导致的，特别是在战乱频发、法律失效的北部。总体而言，未婚母亲的婚姻前景不太乐观，这个群体的贫困率也相对较高。

在求爱过程中，人们会花大力气去搜集未来新娘或新郎家庭的背景资料。乌干达人不太希望与背景不好的家庭联姻，如懒散、从事巫术、贪吃、酗酒、无嗣，以及其他无法接受的社会行为或性格。传统乌干达家庭看重的是勤劳、负责任的配偶，“爱”被视为年轻人履行社会赋予的性别角色的能力。近亲结婚不太被认可，卡拉莫琼人和卢旺达—富比拉人则严格禁止这种行为。他们认为近亲结婚会产下虚弱的后代，易遭受神灵的攻击。在缺乏现代遗传知识的情况下，这种说法有效预防了常见于近亲后代的基因缺陷。防止近亲结合的另一个原因，是为了防止乱伦。

基督徒和穆斯林的婚姻

基督徒的婚姻在教堂举行，由牧师主持，并颁发国家出具
86 的婚姻证书。这一仪式通常仅在彩礼到位之后举办，这是非洲文化元素渗透本土基督教信仰的一个例证。基督徒的婚姻是一夫一妻制的，不论哪种教派、哪个地区，都遵守了这一规定。欧洲人将基督信仰带到了乌干达，基督徒的婚姻因此充满了欧式或西式的礼节。例如，新娘身着白色婚纱，婚礼上有花童、伴郎、伴娘，以及男女傧相。婚礼会伴有西式或乌干达基督教音乐，提供本土和西式餐饮，新人会被劝勉和激励，在场的所有人都会载歌载舞。婚礼当晚就会圆房，而富裕的城市乌干达人还会度蜜月。

穆斯林的婚姻通常由父母安排，以确保门当户对。但在结婚之前，准新人会见面并互相认可，交换订婚戒指，准新郎还要支付“麦亥尔”（mahr）。① 在伊斯兰文化中，彩礼是妻子的财产，即使离婚也不能被夺走。婚礼仪式在支付彩礼后举办，仪式很简单，甚至不需要新娘到场，只要见证人在场即可，通常是新娘的父亲。新娘在婚礼上常身着樱桃红色的婚纱，手脚还会绘上指甲花（henna）以突出美丽。婚礼以宴会开始（通常是晚饭）。伊玛目（伊斯兰教士）或其他官方代表会被邀请来宣读《古兰经》的相关章节，监督经新人双方同意的契约的签署，见证结婚誓词的交换，并最终宣布他们结为合法夫妻。在这之后，新人还会交换婚礼戒指，然后开始盛大的庆祝仪式，并伴有丰盛的食物、音乐和歌曲。和基督徒同胞一样，穆斯林的婚姻也融合了某些本土文化元素。与基督教不同的一点是，伊斯兰教的婚姻是一项强制性的宗教义务。[6]

穆斯林的婚姻可以是一夫多妻的，因为《古兰经》允许男性至多娶四名妻子，只要他有能力供养他的妻子们。这种风俗在近期引发了乌干达穆斯林对《国内关系法》（Domestic Relations Bill，DRB）草案的抗议，因为该法案试图废除多妻制、彩礼和同居，并将法律允许的最小结婚年龄提升至 18 岁，废除穆斯林只要性成熟就可以结婚的风俗。[7]

民事婚姻

乌干达的民事婚姻由政府官员主持（如地区登记员）。选择民事婚姻的新人或没有宗教信仰，或不喜欢传统婚姻和宗教

① 伊斯兰教法学用语，指的是新郎赠送给新娘的财物。——译者注

87 婚姻的冗长过程。遭各自家庭反对的跨种族和跨部族新人也会选择民事婚姻。宗教婚姻在很大程度上也是民事婚姻，因为它的婚姻证书由国家发出。[8]

同居

乌干达法律不认可同居是一种婚姻形式，但同居在这个国家的城市地区正变得愈发常见。在传统社会，同居十分罕见，直到现代化的进程瓦解了传统的社会风俗，同居这一现象才得以出现。乌干达的高贫困率，使得不少适婚青年难以负担高企的婚姻开销（如彩礼、婚宴等），不得已转向同居。还有人将同居视为许下婚姻承诺之前的试婚。随着同居家庭数量的增加，新近的《国内关系法》草案提出可将 10 年以上的同居关系自动认可为合法婚姻。[9] 这个条款很明显旨在保护同居关系中的女性和儿童。[10]

彩礼

彩礼，或其他形式的礼物，是乌干达人婚姻不可或缺的部分。甚至在某些部族，如孔乔—姆巴人，婚姻只有在支付了彩礼之后才被承认。彩礼是婚姻的传统保障，也是对女孩家庭失去一名劳动力的补偿，这对传统农业社会尤其重要。依据传统，最常见的彩礼有牛、羊和农耕器具。这些器具是女孩劳力和产出的象征性替代物。

传统彩礼的数目因部族而异。对孔乔—姆巴人、安科莱人、基加人、卢旺达—富比拉人和萨米亚—戈维人（Basamia-

Bagwe)[1] 而言，彩礼的数目取决于女孩是处女还是再婚；萨米亚—戈维人还会考察新郎的社会经济地位与身份；而家庭、部落与部族出身，则是所有人都会考虑的因素。总体而言，干达人的彩礼比较轻，而托罗人的彩礼很重，常需要 6 至 20 头牛，以及数量不等的羊和锄具。尼奥罗人则不将彩礼视为婚姻的先决条件，因为这个部族的婚姻不太稳定，离婚率和同居比例较高。所以尼奥罗人只有在婚姻关系稳固之后才支付彩礼。

向处女支付高额彩礼的部族，反过来也会严厉惩罚婚前怀
孕的女孩。例如，孔乔—姆巴人和卢旺达—富比拉人对婚前怀 88
孕的惩罚曾是死刑。那些不幸的女孩会被遗弃在森林里，死于饥饿或野兽的袭击。安科莱人的做法恰好相反。他们虽然会向处女支付高额彩礼，却不对失去贞操的女孩施以任何实质惩罚。但是，他们会要求非处女的新娘给她的新丈夫一样中空的物件，以提示自己的状况，通常是一枚穿孔的硬币。

依据传统，为新娘支付的彩礼数量还取决于她的结婚方式。如果她选择私奔（常因为婚前怀孕），那么收到的彩礼就会很少。卢旺达—富比拉人将新娘的私奔行为称为“乌克维贾纳”（ukwijana）。而如果她是被强迫结婚的，那么就会收到很高的彩礼，作为对强迫一方的惩罚。这种强迫结婚的行为叫做“古法塔”（gufata）或“加图鲁拉”（gaturura）。古法塔是指男孩在朋友的帮助下将女孩绑架回家做妻子。背后的原因，有可能是男孩的求婚被女孩家庭断然拒绝，也有可能是男孩没钱支付所需彩礼，而无法迎娶令他着迷的女孩。尽管强迫结婚

① 一支生活于乌干达东北部托罗罗和伊甘加地区的部族。——译者注

之后所需支付的彩礼极重，但古法塔这种行为仍对男孩有利，因为他无需一次性支付所有的彩礼。此外，古法塔还会迫使女孩家庭接受男孩的求婚，或降低他们的彩礼要求，因为他们知道如果彩礼要求过高反而会破坏婚姻，那么离过婚的女孩以后能收到的彩礼就更少了。总之，古法塔对女孩家庭来说没有任何好处。

在传统乌干达社会，离婚意味着要退回彩礼。通常情况下，越是看重彩礼的部族，就越会坚持离婚后退回彩礼。为了避免这种不愉快情况的发生，新郎和新娘各自的核心家庭、大家庭甚至部落成员，都会努力化解婚姻矛盾。传统乌干达社会的离婚率因此变得很低，但也不是完全没有离婚。造成传统乌干达人离婚的原因主要有无嗣、懒散、误会、酗酒、虐待、通奸、贪吃、性生活缺失等为社会所不允的行为。

乌干达的社会经济状况自殖民时代起就处于不断的变动之中，也影响到了该国的彩礼风俗。首当其冲的就是某些部族因失去贞操而杀害女孩的行为，毕竟随着乌干达社会愈发西化，人们愈发能接受婚前性行为，那些要求婚前守贞的社会风俗已经大大地衰落。与此同时，一些新的因素正愈发影响着当今乌干达的彩礼数目，比如女性的受教育水平（暗示了她在现代经济中的赚钱能力）。其次，以牲畜充当彩礼，对城市家庭而言并不实际，取而代之的是现金等现代物资。第三，随着农村
89 草场的退化，以及不断上升的人口密度，不少农村家庭的牲畜规模已大不如前，这就导致了作为彩礼的牲畜数量锐减。农村家庭愈发习惯用现金，或者是现金加上象征性数量的牲畜，来支付彩礼。但对乌干达的游牧部族来说，如卡拉莫琼人，牲畜

依然是彩礼的首选。

最后，现代化进程正从根本上动摇彩礼风俗，尤其是在城市地区。事实上，《国内关系法》正试图废除彩礼。鉴于这项法案自乌干达独立以来就一直在酝酿，遭到了不少社会团体的反对，反复推出又反复束之高阁，因此，在这个国家，废除彩礼还有很长的路要走。

婚嫁传统

乌干达的传统婚姻始于求爱，接着是支付彩礼，最后才是仪式。这个模式适用于所有类型的婚姻，不论是传统婚姻、宗教婚姻还是民事婚姻。唯一的例外，是那种始于同居的婚姻。

每个乌干达部族都有自己特有的传统仪式，有的复杂，有的简单。以干达人为代表的部族，他们的婚嫁传统都很简单；而以卡拉莫琼人为代表的部族，他们的传统仪式则相对复杂。当然，无论在哪个部族，婚姻仪式的华丽程度都取决于新婚夫妇的社会经济状况。婚姻仪式因此也成了新郎、新娘社会经济状况的可靠证明。

“求爱—彩礼—仪式”的基本模式适用于绝大多数乌干达部族，但班图人、尼罗人、尼罗—含米特人和苏丹人的风俗在细节上还是有不少差别。以下将以干达人和卡拉莫琼人的婚嫁传统为例，来展现班图人和尼罗—含米特人的风俗。

班图人的婚嫁传统：以干达人为例

尽管干达人长久以来都将婚姻视为人生的重要阶段，但他

们的婚嫁传统却相对简单（除了卡巴卡的婚姻）。在几个世纪之前，父母为子女选择伴侣、操办婚姻，不需要征得子女太多
90 的同意。但慢慢地，男孩被允许先挑选自己的伴侣，再征得父母的认可，以防止和亲属或家庭社会出身不好的人结合。得到父母的认可后，便可将女孩正式介绍给大家庭，并支付彩礼。最后，举办仪式将女孩交给夫家。每个通向婚姻的环节都需要有聚会，有吃的、喝的和舞蹈。在正式介绍之前，女孩会由她的姑妈打扮好，男孩则会被邀请来参观，以确定是否喜欢女孩。如果喜欢，接着就是正式介绍、彩礼和仪式环节。多数传统的班图人婚姻都依照这个模式，除了基加人。后者另有一种风俗，会将女孩单独供养（增肥）一个月，并给她培训家庭管理的技巧。

今天，大多数干达男孩都会靠自己来确定他们想要娶的女孩，并展开追求。父母的干涉已经很少，因为男女相爱多发生在学校、城市里的工作场合等远离父母的地方。与传统社会“求爱—彩礼—仪式”的模式不同的是，贫困的加剧让男孩们越来越无力负担彩礼和仪式的费用。结果导致同居成了干达文化的新趋势。今天的干达人，根据自身的价值观和社会经济地位，还可以自由地选择传统、宗教或民事婚姻。这一点同样适用于多数乌干达人。

一场传统的干达婚姻仪式，又叫“库旺朱拉”（Kwanjula），通常持续三四个小时，由下列步骤组成：

- Abatambuze Bali Ku Mulyango 新娘父亲的代言人欢迎新郎一行。在此之前，新郎一行只能算陌生的路人。
- Abagenyi Bayingidde 在受到欢迎后，新郎一行以客人身

份入场。

- Abagenyi Batudde - Abaana Balamusa 如果新娘有兄弟姐妹，他们会被允许来招呼新郎一行。

- Abagenyi Banyonyola Ekibaleese 新郎的代言人解释客人过来的理由（Ensonga）。

- Ekyaleese Abagenyi Kimanyibwa 由于新郎一行只能在新娘的某位姑妈“邀请”下才能过来，发出邀请的姑妈只能在“事情暴露之后承认此事”（Ssenga Ow'ensonga）。这场“表演”通常在轻松愉快的氛围下进行，在场的人心照不宣，假装不知情，直到新郎的代言人宣布他们的理由，以及姑妈“坦白”。

- Abagenyi Baleeta Enjogeza 新郎一行献酒，作为交谈的开始。新娘父亲一方如果接下了这杯酒，那就说明他们愿意继续往下协商。

- Okw'ogera Ebikwaata Ku Mulenzi 新郎的代言人介绍新郎 91
的情况，即他的家庭背景、祖先、工作态度和成就。新郎的代言人会竭力地说新郎好话，可疑的祖先或名声，足以成为女孩家庭或部落拒绝联姻的理由。

- Olukiiko Lulamusa 女孩的叔叔、姑妈和邻居招呼新郎一行。出于尊重，新郎一行中的女性会以屈膝或下跪来回应。

- Okw'ogera Ebikwaata Ku Muwala 新娘父亲的代言人介绍新娘的情况，即她的家庭背景、祖先及成就。新娘父亲的代言人也会像新郎代言人那样，竭力展示新娘的好名声、工作态度、祖先和成就，任何缺点也会让新郎一方有理由拒绝新娘。

- Okusiima Ebirabo 新郎一行通常会对新娘的名声表示满

意，因为在此之前已经有过必要的背景调查，新郎家庭肯定是满意新娘的。然后，新郎的代言人会代表新郎，感谢新娘父母、家庭和部落为抚养她而做出的贡献，并为新娘父母、兄弟（muko）、姑妈（Ssenga）、姨妈和祖父母等人献上礼物。

- Okuyingira Mu Nju - Okulya Entaba Luganda 新郎、他的代言人以及两三位随行成员进入新娘家庭的住所，与新娘的叔叔和姑妈简单会面，此时，新郎会被正式接纳为新娘家庭的儿子。与此同时，大家会分享烘焙过的咖啡豆和酒水，以确立这段亲缘关系或兄弟情谊（Oluganda）。

- Okulya Ekijjulo 亲缘关系一旦确立，谈话内容即从正式转为家庭内容。主宴开始，新郎一行（除父母外）在屋内用餐。

- Obusiimo，Empeta Ne Cake 接下来是照相、展示更多的礼物、交换订婚戒指和切蛋糕。

- Okusibuula 新郎一行回家，安排迎娶新娘的“蜡烛火柴”仪式（Kasuze Katya）。[11]①

尼罗—含米特人的婚嫁传统：以卡拉莫琼人为例

在乌干达的诸多尼罗—含米特部族中，属卡拉莫琼人的传统婚姻仪式最为复杂。男孩要首先宣告自己有意结婚。按照传统，他必须手持长矛杀死一只狮子或一头大象，来证明自己已

① Kasuze Katya 的字面意思是“她将如何度过夜晚”，新郎家庭会在婚礼当天一大早将蜡烛和火柴送往新娘家庭，以体现对新娘的关切。——译者注

经成年，之后还要将猎物交与长老会（baraza），并由他的父 92
亲为全村准备一场烤牛盛宴。从此以后，这名男孩便可以披上象征成年的鸵鸟羽毛和花豹皮。他的父亲会教导他如何追求女孩和尝试性接触，并避免婚前怀孕，因为男孩家庭会为此付出30只山羊的重罚。如果一切顺利，双方家庭便会开始协商婚姻和彩礼。女方父母会指派代表，随女孩前往男方家庭接收彩礼，并由男孩家庭的代表护送回家。女孩母亲会在家迎候男孩一行人，长者可以优先享受烟草。之后，男孩回家，卸下身上的花豹皮和鸵鸟羽毛。当天他并不需要与新娘同房，因为双方在求爱过程中已有了性接触。

第二天，男孩母亲会带着一只盛满黄油的葫芦到女孩家接亲。她会为女孩带上项链和草环，用黄油涂满她的上半身，帮她换去旧衣服，穿上代表已婚女性的山羊皮和小牛皮。此时的新娘会与三位同村女孩（伴娘）一起，将柴火送给男孩母亲，并随其回家以完成整个婚姻仪式。新郎会与新娘同房到第一个孩子出生为止，然后丈夫会为妻子单独建造一所小屋。妻子搬出去后，丈夫就可以为娶下一任妻子做准备了。他可娶的妻子的数量，仅受到财富和年龄的制约。

若能归还彩礼，卡拉莫琼人允许离婚。若女性在离婚的时候没有孩子，那她将重新穿上未婚女孩的衣着；若有孩子，那她将继续穿着成熟女性的服装，但可以自由改嫁。卡拉莫琼人虽然不制止婚前性行为，但会严厉惩罚通奸。惩罚的方式有两种，或由女方的丈夫杀死奸夫，或反复没收奸夫的所有牲畜，直到受害方觉得他的名誉已经得到恢复。被没收的财产通常由受害方的家庭分享。[12]

如同乌干达的其他部族，卡拉莫琼人也一直在抵抗现代力
量的入侵。后者不仅改变了他们的传统生活方式，也改变了他
们的婚姻风俗。例如，以杀死狮子或大象作为成年标志的古老
风俗，在现代乌干达已明显不可行，同时也是违法行为。毕竟
狮子和大象的数量有限，而这些动物又事关该国的旅游产业。
杀死狮子、大象的仪式不得不被其他仪式所代替。其次，没收
93 妻子奸夫财产的行为，尽管有着悠久的传统，却触及了现代国
家的法律。第三，越来越多的卡拉莫琼年轻人获得了教育机
会，抛弃了自己部族的传统生活方式和婚姻风俗。第四，乌干
达北部的常年内战，以及相伴随的枪支泛滥，使得许多人流离
失所，沉重打击了卡拉莫琼等部族的生活。传统婚姻仪式也不
得不随之调整。不受法律约束的状态尤其不利于乌干达北部的
女性，她们常面临着绑架、强奸、性病、意外怀孕和死亡的
威胁。[13]

家庭与性别角色

按照乌干达的传统，不同性别在家庭和社会中扮演着截然不同的角色。总体而言，女性负责绝大部分的家庭事务，如清洁、食物的生产和准备、挑水砍柴、照顾家人和孩子等。女性也会涉足贸易领域，从事一些与家庭事务相关的活动，如编篮子。与女性不同的是，男性在家庭中的作用很小。但他们是养家糊口的人，也是多数生产性资源（如土地）的实际拥有者，他们必须决定家庭的各项社会经济事务，并为家人提供安身之所。

在传统社会中，男性也有保障家庭食物的责任。他们会畜牧、狩猎、捕鱼，有时还帮助女性从事农作物的生产。例如，在卡库瓦人中，男性负责清理和开垦土地，而女性则负责打扫垃圾、播种、采收、整理和贮存作物。今天的女性在家庭事务上的角色与前殖民时代相比没有太大变化，但男性的角色已和从前大不相同，尤其是对家庭的社会经济事务的贡献。许多在现代经济部门工作的男性，可以用自己的现金收入来贴补家用。

传统乌干达社会中的男女分工其实较为平等，只有在殖民主义到来之后，他们之间的不平等才逐渐加深。结果导致今天的女性承担了绝大部分的劳动密集型工作，如食物的生产和准备。女性的劣势还体现在她们很难获得教育机会和生产性资源（如土地、工作和收入），使得她们未能在社会决策和治理过程中被充分代表（underrepresented）。[14]哪怕在家庭层面，妻子也要在关键问题上服从丈夫，丈夫在做决定时不需要征求妻子的意见。

不利于乌干达女性的社会条件，多由文化造成。例如，之 94
所以女性只有有限的土地所有权，是因为在乌干达的文化里，她们没有土地继承权，她们对土地的所有权源自她们的丈夫。因此，人数日益增多的未婚女性就更难获得土地，制约了她们本应有利于乌干达农业社会的食物生产能力。即使对已婚女性而言，她们的土地所有权也是不完整的，意味着她们无权出卖土地。事实上，虽说干达人允许女性继承土地，那也只是女儿可以从父亲那里继承，而非妻子继承丈夫的土地。干达人通过这种方式，将土地保留在了男性一方的部落中。另一方面，对

95 多数乌干达部族而言，女性会因丈夫的死亡而被其他男性亲属逐出家庭的土地，除非她已有了成年的儿子。

在当代乌干达社会，男性享受的闲暇也多于女性。事实上，对许多女性而言，从事一些稍轻松的家务就已经算是她们的闲暇了，如洗碗。而在另一边，男性则可以随意与朋友小酌几杯，特别是在下午时分。男性拥有这种特权，不仅因为他们控制着绝大部分的生产性资源，也因为他们在传统上是妻子、孩子及其劳动果实的“拥有者”。这也解释了哪怕家庭收入的来源与男性没有直接关系，他们也有权决定家庭的财务。

不利于女性的乌干达文化因素还有很多。例如，人们普遍认为已婚女性是丈夫家庭的一部分，因为女性的亲生家庭从她出生开始就不会投入太多的资源，如教育。当一个家庭不得不挑选送哪个孩子去上学时，男孩往往被优先考虑。这样一来，乌干达女性的受教育水平通常低于她们的同辈男性，更难找到
96 正式的工作，不得不继续从事家务劳动，进一步固化了她们被文化禁锢的家庭角色。

社会化

乌干达社会传统上就追求通过社会化，将儿童培养成有用的社会成员。传统的文化价值观是传统社会化的核心要素，包括道德、荣誉、勤奋、合作，尊重老人和神灵，尊重文化禁忌和图腾，尊重部族关系和边界以避免不伦的婚姻关系。反社会的行为，如偷盗、巫术、婚前怀孕（除少数默许的部族外）等会受到严厉惩罚，甚至是死刑。

构建性别角色的目的，是为了让儿童在未来能过上成功的家庭和成年生活。虽然社会化贯穿于儿童的整个成长过程，但事关家庭生活的事项常被安排在成人礼上，如割礼。对多数部族而言，割礼等成人礼通常是婚姻的前奏。今天的乌干达人已经很少以割礼作为成人礼，取而代之的是学校开学仪式等现代方式。

依据传统，儿童会以学徒身份，学习世代相传的各种技能，如畜牧、耕作、狩猎、祈雨、占卜和治疗等，并按男、女孩性别角色的不同而传授他们不同的技能。女孩主要学习编织篮子和制陶，男孩则被训练为铁匠、占卜师和祈雨师。在某些部族，男孩也需要学习制陶的技能。儿童在与父母一起劳动的过程中学习自己的性别角色——女儿跟随母亲，儿子跟随父亲。这样一来，父亲或母亲就要为心理失调的儿子或女儿负起相应的责任。

在儿童社会化过程中，祖父母也扮演着同等重要的角色。他们会在夜晚的篝火旁给孩子们讲故事，赞美可取的道德品质，斥责错误的行为。祖父母在社会化中的角色是不可替代的，有时候甚至更有用，因为他们既可以分享个人的生活经验和英雄事迹，也可以无拘束地谈论性这样的敏感话题。传统社会正是基于这样的跨代社会结构，为儿童确保了一个几近完美的社会化过程。

但是，这种传统的社会化过程，面临着殖民时代以来社会经济巨变和人口流动带来的压力，许多部族对此束手无策。例
如，家庭和部落在社会化中的角色，已在很大程度上被学校取 97
代，因为今天的儿童会在学校度过大部分的童年时光，远离了

父母和祖父母。现代货币经济的到来，也迫使父母（尤其是父亲）不得不花费很多时间在家庭之外赚钱，进一步弱化了儿童的社会化过程，尤其是男孩。对另一些家庭来说，父母带着孩子生活在城市地区，使得农村的祖父母很少有机会见到孙辈，更不要说参与孙辈的社会化了。现代教育体系还在部分祖父母和孙辈之间造成了语言隔阂，愈发疏远了他们的关系。在今天的乌干达，心理失调、碌碌无为、目无法纪的年轻人越来越多，很大程度上要归咎于他们与父母、祖父母之间日渐疏远的关系。

学校社会化不如传统社会化那样有效，因为学校教授的技能和行为通常与本地生活脱节，儿童可以模仿的成年榜样也很有限。学生在学校环境中只能相互社会化，方式和结果并不一定对社会有益。这个体系还充斥了对教师和大龄男孩对女孩的性剥削，近一半的性成熟小学女生曾被强制性交。[15]此外，全球化的信息媒介（特别是互联网）在学生中正变得愈发普及，进一步恶化了该国的社会化环境，因为多数父母和老师不太熟悉新的科技，无法引导孩子和学生正确地使用。这样的后果是，外来的文化观念（如色情）在乌干达社会泛滥，但它们并不一定对社会有益；而这个正经历着快速文化变迁的社会也没有时间来反思前进的方向。

社会变迁

乌干达经历的激烈社会变迁的种子，在殖民时代就已经埋下。殖民主义将外来的价值观、工作伦理、语言、政府结构、宗教等一系列社会经济体系带到了乌干达，深刻影响了乌干达社会的方方面面，包括性别角色，以及婚姻和家庭制度。

不断弱化的本土文化是乌干达社会面临的重大挑战之一。随着新的价值观的奠定，非传统的性别角色、婚姻和家庭制度正变得愈发普遍。例如，在家庭领域，过去罕见的单身母亲家庭已遍布全国，尤其是在城市地区。经济领域的变化也迫使农村的已婚男性离开妻子，去城市地区寻找工作机会。在城市
里，他们不得不一反传统的性别角色，自己取水、收集柴火、 98
做饭、洗衣和打扫屋子。另一方面，男性留下的空缺也使得妻子们不得不担负起传统的男性职责，如财务决定权。

长期的夫妻分居，也为通奸等行为的增多提供了土壤。在城市地区，不少男性即使在农村有妻子，也喜欢从妓女那里寻找慰藉，助长了商业性行为和性病的快速传播。这在传统乌干达社会是很罕见的。

同性性行为在乌干达也越来越多，尤其是在城市地区，这在传统社会是十分罕见、甚至闻所未闻的。造成这一现象的原因主要有：现代监狱体系将男女隔离羁押（与传统方式恰好相反），旅游产业的不断增长，以及同性寄宿中学的普及。不过，同性婚姻在乌干达仍是不被允许的。[16]

同居也同样变得更加普遍。尽管某些部族传统允许同居，但在今天，同居已被社会广泛接受，尤其是在城市地区。此外，曾经很流行的过继婚传统（wife inheritance，常见的模式是妻子要嫁给死去丈夫的男性亲属）也衰落了，因为现代乌干达的女性有了更多的能力来掌握自己的命运，而过继婚还会给男性家庭带来额外的经济负担。过继婚衰落的另一个原因，

在于不少男性死于艾滋病，并在不知情的情况下将病毒传染给了妻子，这对活着的人来说是致命的威胁。

注释：

1. 穆卡萨·E. 塞玛库拉，“布干达的部落”，http：//www. buganda. com/ ebika. htm。

2. 理查德·恩齐塔、姆巴加—尼旺帕，《乌干达的民族和文化》（坎帕拉，泉水出版社，1997 年）。

3. 同上。

4. 艾芙琳·基亚皮·马萨穆拉，“穆斯林改变了对女性权益法案的要求”，媒体间服务网，2005 年 4 月 7 日，http：//www. ipsnews. net/ interna. asp？ idnews = 28204。

5. 凯瑟琳·邦德，“乌干达议会重新审议多配偶婚姻”，1998 年 4 月 5 日，http：//www-cgi. cnn. com/WORLD/africa/9804/05/uganda. polygamy/。

6. Y. H.，“穆斯林婚姻”，http：//www. ngfl. ac. uk/re/ muslimmarriage. html。另见 B. R. 维玛，《穆斯林婚姻和解除》（安拉阿巴德，法律图书公司，1971 年），第 13 ~ 17 页。

7. 马萨穆拉，“穆斯林改变要求”。另见苏·阿尔福德、尼克·奇森、德布拉·豪瑟，“发展中国家的科学和成功：预防早孕、艾滋病和性传播疾病的全套方案”，《青年拥护者》，2005 年 4 月，http：// www. advocatesforyouth. org/publications/ sciencesuccess_ developing. pdf。

8. 宪法中心，“2003 年国内关系法案”，东非宪法发展中心，麦克雷雷大学法律系，2005 年，http：// www. kituochakatiba. co. ug/dorebil. htm。

9. 同上。

10. 瓦妮萨·冯·斯特鲁恩斯，“乌干达的国内关系法案：有潜力触及多配偶婚姻、新娘买卖、同居、婚内强奸、寡妇继承和女性割礼”，2004 年 7 月，http：//ssrn. com/abstract = 623501。

11. 奥穆塔卡·劳伦斯·马托福，“干达婚姻”，干达祖先网，http：//www. gandaancestry. com/general/library. php。

12. 理查德·恩齐塔、姆巴加—尼旺帕，《乌干达的民族和文化》。

13. 贾斯汀·纳尼奥乔，“乌干达北部的冲突、贫困和人类发展”，联合国大学研究论文第 2005/47 号，2005 年 8 月，http：//www. wider. unu. edu/publications/rps/rps2005/rp2005-47. pdf。

14. 奥古斯都·努瓦加巴，“乌干达政治经济中的女性现状分析”，《东非社会科学研究评论》第 17 卷第 1 期，2001 年 1 月，第 15 ~ 30 页，http：//www. ossrea. net/eassrr/jan01/augustus. htm。

15. 《青年拥护者》，“撒哈拉以南非洲的性虐待和暴力”，2001 年，http：//www. advocatesforyouth. org/publications/factsheet/fssxabus. htm。

16. 史蒂芬·O. 穆雷，“‘传统’撒哈拉以南非洲和当代南非的同性恋”，2005 年 2 月 14 日，http：//semgai. free. fr/doc_ et_ pdf/ africa_ A4. pdf。另见公共广播交流（PRX），“乌干达的同性恋”，2004 年 4 月 7 日，http：//www. prx. org/pieces/1051；丹·埃尔瓦纳，“教会支持穆塞韦尼禁止同性恋”，《每日国民报》，1999 年 11 月 14 日，http：//www. nationmedia. com/；人权观察组织，“乌干达：同性恋禁令加深压迫”，2005 年 7 月 12 日，http：//hrw. org/english/docs/2005/07/12/uganda11307. Htm。

99 七、社会风俗与生活方式

乌干达丰富的文化，体现在多样化的地方和全国性社会风俗与生活方式。这种多样性源自不同的部族、宗教、职业、收入和教育水平，源自内部（地方）风俗与传统同外部世界的交流。在交流中，有的风俗和生活方式被抛弃，有的被调整，而新的信息也创造了新的风俗和生活方式。例如，在本地及国际人士的抗议下，曾流行于乌干达某些部族的女性割礼风俗正逐渐消失。

乌干达人的社会生活基本围绕社区展开，但随着西方的社会文化影响与日俱增，以及现代资本主义经济的发展，个人主义正逐渐兴起，尤其是在城市地区。乌干达人高度重视社区活动和聚会，如婚礼，因为参与这些活动是一件愉快的事，也是维护自身社会地位的必要手段。这种社区参与根植于乌干达的传统文化之中。

尽管现代通讯和交通手段日益普及，但乌干达人还是喜欢面对面谈论重要的事情。乌干达文化主要以口头传承，人们因此偏爱面对面谈话时才有的丰富的交流。此外，鉴于这个国家还有很多文盲，用本地语言进行口头交流，可以让所有阶层的乌干达人都参与到交流中来。除了展示自己的口才外，乌干达人还善用谚语、谜语和故事来丰富和活跃口头交流。

社会关系 100

如同其他的非洲社会，乌干达的人际关系准则包括慷慨、友善、诚实、好客，也包括良好的道德行为和尊敬长辈，这其中，年龄最大的社会成员、富人和政府官员被予以极大的尊重。表达尊重有很多种方式，例如，在向长辈致意时可以下跪或鞠躬。

打招呼是乌干达人生活的核心。不同的部族有不同的打招呼方式，但他们在社会场合或商业场合初次见面时，都会向对方打招呼，并询问对方及家人的健康状况。打招呼的正确用语因时刻、场合及双方的地位而异，但基本套路如下：

甲：嗨，你好吗？（干达语：Oli otya?）

乙：我很好，谢谢（干达语：Gyendi 或 bulungi）。你好吗？

甲：我也很好，谢谢。你的家人好吗？

乙：他们很好，谢谢（即使不太好，乙通常也会说好）。你的家人好吗？

以上对话常伴有握手或拥抱，尤其是在同性之间。男女之间的握手不适用于某些场合。在乌干达的部分地区，女性和儿童在招呼或服侍男性、男性亲属、客人及族长时，要下跪或鞠躬。在称呼首领或长辈等社会显贵时，还要使用对方的职业头衔或政治头衔来表示尊重。[1] 年轻人通常不被允许称呼长辈的名字，哪怕他们年龄相仿。正确的方式是称呼长辈的姓，并冠以对方的职业、政治或婚姻头衔，如博士（Dr.）、阁下（Honorable）、夫人（Mrs.）、先生（Mr.）、女士（Ms.）等可被接受的称呼。儿童则称呼父母为“妈妈”“爸爸”，不能直呼其名。随着斯瓦希里语在乌干达影响力的上升，斯瓦希里式招呼也变得流行。典型的斯瓦希里式招呼如下：

甲：你好吗（Jambo）？

乙：我很好，谢谢（Jambo sana）。

甲：近况如何（Habari yako）？

乙：我很好，谢谢（Njeme）。

101 尼奥罗人有着现代乌干达最复杂的称谓系统，他们使用不同的宠物名字（empaako）来称呼对方，如阿博利（Abwoli）、阿迪耶里（Adyeri）、阿拉利（Araali）、阿基基（Akiiki）、阿特沃基（Atwoki）、阿布基（Abooki）、阿普利（Apuuli）、巴拉（Bala）、阿卡利（Acaali）、阿泰尼（Ateenyi）、阿穆蒂（Amooti），以及奥卡利（Okali）。[1] 在亲属相见时，长辈会邀

① Empaako系统有且只有12个称呼，且最后一个称呼Okali只能用于尼奥罗人的奥穆卡玛（国王）。在剩下的11个中，Araali、Apuuli、Acaali和Bala只能用于男性，其余则男女通用，它们既可作为对一个人的尊称，也可作为昵称。这套系统可能源自卢奥人的语言。不管是卢奥人还是尼奥罗人（也包括文化相近的托罗人），都会在孩子出生时由父母为其冠以一个empaako名字，以对孩子的未来寄予某种愿望。不同的empaako名字所表达的意象不同，常见的解释如下：Amooti领袖、Akiiki救世主、Acaali勇气、Araali闪电、Bala长辈、Apuuli大胆聪明（小狗）、Abooki谦逊、Ateenyi蛇、Atwoki施舍者、Adyeri勤奋、Abwoli美丽（猫）。——译者注

晚辈坐在自己的大腿上。比托次部落（Babiito subclan）① 的风俗略有不同，晚辈在见面时会用右手轻触长辈的额头和面颊。在某些场合，见面时还会提供可直接食用的咖啡豆和烟草。

尼奥罗人对他们的奥穆卡玛（国王）还有特殊的称呼。奥穆卡玛通常会在特定时间和特定场合接见臣民。这个过程叫做“奥库库拉塔”（okukurata），有针对不同性别臣民的严格流程，臣民必须使用第三人称单数的敬语，并根据每天时刻的不同而从 20 多种对国王的称呼中挑选合适的一种。普通人并不期望国王对他们的致意做出口头回应，国王也很少回应他们。但他有时会回应女性的致意，因为她们常跪在国王面前。[2]

许多乌干达部族还有针对男女关系的准则。首先，男女之间有劳动分工，两性之间在扮演各自的日常角色时很少有交流，尤其是在农村地区。亲密的友情因此多萌生于同性之间，非浪漫关系的跨性别亲密友情几乎不存在。公开展示浪漫关系、讨论性问题是不被允许的，但这些年为了抗击居高不下的艾滋病感染率，公开讨论性问题已被解禁。在社交活动时，男女分开落座，哪怕他们的分工相同（如参加教会活动）。但在城市地区，对跨性别交流的限制已开始松动、甚至解除。[3]

在整个乌干达，女性总体上都服从于男性，尤其是在农村地区。在大多数时候，男性都占据着家长地位，掌握着家庭重要事项的决定权，而女性在准备了食物之后，男性也是第一个吃的人，并可以任意决定分量。对许多部族而言，女性的角色

---

① 卢奥人在公元 14 世纪前后入侵尼奥罗王国建立比托王朝，比托次部落是比托王室的后裔，因而风俗与尼奥罗人不同。——译者注

无外乎生育和抚养孩子、生产和准备食物，以及照顾整个家庭。[4] 总的来说，这个国家严酷的生活条件对女性的冲击最大，因为她们很少有机会获得教育或土地等生产性资源，没有自主权和做决定的权力，长时间的工作也得不到应有的报酬，无法掌控自己的生活。[5,6]乌干达社会还普遍接受一夫多妻制。尽管在这一制度中，丈夫必须为妻子们和孩子提供财务支持，但男
102 性对自己父母和朋友的社会责任往往超过对自己核心家庭的责任。在他们看来，乌干达是公社型社会，家庭一词往往意味着大的家族。

社会交流也区分年龄。依据传统，一个人会在不同的人生阶段加入符合他年龄的群体。尽管现代方式（尤其是学校教育）正逐渐取代传统的融入仪式和社会化体系，但乌干达社会依然重视同龄人之间的交流。

乌干达的传统禁止公开展示爱情，但西方文化影响下的城市年轻人正打破这个传统。男女之间的公开牵手和接吻越来越常见，性感的西式服装（如迷你裙和紧身牛仔裤）也成了城市年轻人的新时尚。

相比西方人，乌干达人没有太紧迫的时间观。同其他非洲人一样，乌干达人信奉的是“非洲标准时间”。如果一项活动被安排在上午 10 点，那么这项活动的实际开始时间极有可能会被推迟数分钟到数小时不等。只有处在城市正规工作场合的乌干达人才会较好地遵守时间，但糟糕的天气和交通也会让他们迟到很久。传统的乌干达人尤其是农村人，善于消磨时间，通常会花上尽可能多的时间去完成一项家务或结束一次讨论。因此，在某些场合，出于时间原因而打断活动或讨论的进程是

不礼貌的。

仪 式

乌干达人的生活中有很多仪式，用来庆祝部族或国家的历史、重要的年度事件、人生大事（出生、成人礼、婚姻和死亡），以及与神灵有关的事项。[7]仪式上常备有食物和即兴的音乐、舞蹈。随着国家的现代化，许多仪式已发生了深刻的变化，尤其是像割礼那样的与融入仪式有关的事件。

多数乌干达人性格内向，但他们可以在重要的社会仪式上变得非常活跃，如婚姻、命名礼、葬礼、割礼、祈雨、拜神，以及在今天愈发常见的大学毕业典礼。最活跃的要数标志着重要人生转变的婚姻和融入仪式。与局限于精英阶层的毕业典礼不同，所有人都可以参与婚姻和融入仪式。

婚姻也许是现代乌干达最重要的仪式，因为它是一种普世
的社会基础。与不少濒临灭绝的融入仪式不同，婚姻紧跟了时 103
代的步伐。英国殖民主义及之后的现代化和西化，造成了这个国家的社会和文化断裂，而基督教和伊斯兰教的到来，也导致了传统宗教的衰落，但所有这些都没能削弱婚姻的重要性。它们充其量只是改变了庆祝婚姻的方式，也就是说，这些世界宗教以它们的方式取代了传统的婚姻仪式。

融入仪式

融入仪式是传统乌干达社会的核心环节之一，其重要性延续至今。尽管不同部族间的仪式过程千差万别，但都是为了纪

念一个人从童年到成年的过渡，或加入某个特定的社会群体、家庭和宗教组织。融入仪式的例子有很多，如卡拉莫琼男孩以手刃狮子、大象来展现男性气概和预备结婚（虽然这项传统已经过时）；孔乔—姆巴人、基苏人、撒比尼人（Sabiny）①和赛贝人针对男孩的割礼（有时也针对女孩），以象征从童年到成年的转变；托罗人和安科莱人的歃血结义，两个原本不相干的人从此必须像亲兄弟一般对待和支持对方；阿卢尔人的男性在结婚时，必须在“贝壳仪式”（Mukeli Gagi）② 上改信妻子信仰的传统宗教。在所有这些融入仪式中，参与者都会被传授相应的权利和义务。[8]

乌干达现代化过程中的快速文化变迁，摧毁或改变了许多传统的融入仪式。例如，孔乔—姆巴人、基苏人、撒比尼人和赛贝人童年向成年的过渡仪式——割礼，已逐渐被正规的学校体系所替代。女性割礼更是遭到西方机构及其在乌干达的代理人的强烈反对，已基本在乌干达消失。例如，撒比尼人和赛贝人的传统融入仪式已经剔除了割除女性外生殖器的环节。[9] 今天乌干达人的融入仪式虽然保留了古老的精神，但越来越多的人在形式上选择了舞蹈、歌唱和交换礼物。[10]

基苏男孩的融入仪式也许是全乌干达最为复杂的，他们的割礼值得多写几句。基苏割礼的起源已无从考证，一种解释认

---

① 赛贝人的一支。——译者注

② Mukeli Gagi 的字面意思是“把贝壳带来”，丈夫会将一串贝壳带到妻子家，代表受祖先神灵困扰的妻子的灵魂，然后献上一公一母两头山羊，祈求祖先放过妻子的灵魂。而这个仪式的前提是丈夫必须改变自己的信仰，如果不这样做，妻子就有理由改嫁给别人。——译者注

为，割礼是为了增强男性的性能力。基苏人每隔两年对 12 至 15 岁的男孩实行割礼。在强制仪式开始之前，人们会使用一 104
种名叫“伊提亚尼”（ityanyi）的植物，来吸引青春期男孩对这个痛苦仪式的关注。[①] 仪式开始前的三天里，男孩们会在姐妹和亲属的陪同下在村庄各处起舞，他们的脑袋会涂上木薯粉和酵母粉。仪式上还会有著名的“因巴鲁”（Imbalu）舞者，他们跳的“鲁尼耶戈”（Runyege）舞尤其令人难忘。[②]

在割礼当天，男孩们会围成一个半圆，按顺序等候传统医生的到来。医生的助手先将阴茎包皮拉长，再由医生用熟练的手法迅速切掉包皮，并割开阴茎下方的某个部位，将包皮的生长组织切除。传统上这是个全封闭的过程，只允许男孩和医生在场，但在今天，全村的人都能围观整个过程。在这期间，男孩们需要展现出自己的勇敢和耐力。

男孩在手术后会静坐在椅子上，用一块布包裹腰部，随后被送至他父亲的房子，绕屋勉强走一圈后进门，开始三天的休养。休养期间他不能用自己的手进食。三天后，医生会再次出现，为男孩进行“洗手”仪式，这正式标志着男孩的成年，他不但可以重新用自己的手进食，更获得了结婚的资格。现在男孩已经成年，下一步是要学习成年人的权利和义务，他要懂得生产的重要性（尤其是农业），要学会合适的社会礼仪。在

---

① 具体做法是将这种草绑在男孩脚趾上，或者放在路上让他不经意踩过，基苏人认为这样就会诱发男孩对割礼的兴趣。——译者注

② Imbalu 在基苏语中就是割礼的意思，而 Runyege 是一种舞者以脚踝铃铛声和脚踏声为节奏的舞蹈。——译者注

这之后才是愈合仪式。基苏人认为男孩伤口的愈合速度，与这期间宰杀的山羊数量有关。这种信仰也许是为了敦促男孩家庭在如此重要的仪式上出手大方些。

在所有参加割礼的男孩伤口愈合后，他们便可以参加“伊伦巴”（Iremba）仪式。全村的人、甚至政府官员都会来见证这个仪式。依据传统，这个仪式要求男孩挑选一名女孩并和她发生性关系。女孩必须服从男孩的决定，因为传统信仰认为，拒绝会让女孩终身不育。依伦巴仪式上和性有关的部分源自基苏人的早年生活，那时生活的主要目的就是繁衍。今天，随着基苏社会的不断进步，这种风俗已不太常见。

依据基苏风俗，男孩在割礼后成为了一名真正的“穆基苏”（Mugisu），而没有受过割礼的男性则被讥讽为“穆辛德”（Musinde）。基苏社会不能容忍穆辛德的存在，穆辛德们常被抓走强行完成割礼，整个过程充斥了围观者的嘲弄。反过来，自愿接受割礼的基苏男性，会被亲切地称作“穆萨尼”（Musani）。[11]

包括基苏人在内的一部分部族在今天仍保留着割礼，但乌
105 干达的现代化正逐渐稀释其重要性，尤其是女孩也要受割礼的部族，他们的这个传统正面临着与日俱增的中止女性割礼的国际压力。其次，作为一种社会融入仪式的割礼，它的传统对象是已经准备好步入成年的青少年男孩，而今天越来越多的男孩在他们很小的时候就切除了包皮，对他们而言，割礼已经丧失了原有的仪式感。为了能让孩子适应现代社会，乌干达人也愈发觉得许多传统割礼仪式上的社会训练已经不合时宜。再次，近几十年来，传统割礼更是被指责为传播艾滋病的帮凶，因为

传统医生在手术时不会对刀具彻底消毒。为了保障公众健康，乌干达总统约韦里·穆塞韦尼近来建议只有合格的医生才能实施这类手术。[12]虽然不清楚相关部族是否会注意到，但总统的这项呼吁来得很及时，因为正确实施的包皮环切术已被证明可以降低男性感染艾滋病的风险，也可以降低男性通过性交将艾滋病毒传染给女性的风险。[13]

传统融入仪式的衰落对乌干达社会有着深远的影响。像割礼那样的传统融入仪式，是社会凝聚力的重要来源，因为年龄相仿的儿童通过仪式一起步入成年，会一起经历今后的人生。今天，这些风俗虽然衰落了，却没有合适的替代品，有可能会破坏部族内部的社会凝聚力。这也反映了乌干达面临的文化危机的一个侧面，因为西方文化在不断侵蚀、取代传统社会和文化机制的同时，并不一定能适应乌干达社会的需求。

命名礼

乌干达的诸多部族有着各具特色的传统命名礼，这里就干达人、安科莱人、基苏人、格维雷人和尼奥罗人的命名礼做一点介绍。干达母亲在产后必须呆在屋内，直到孩子的脐带变干脱落。大约在两星期后，她会依据风俗和丈夫发生仪式性的性关系，以确保孩子的健康，并在仪式当天为孩子命名。[14]

尼奥罗人则在婴儿三至四个月大时为孩子命名，具体时间 106
取决于是男孩还是女孩。除了正式名字外，孩子的父母、祖父母等亲属还会为其挑选一个昵称。孩子的名字既可以描绘他/她的生理特征、出生时的环境、父母在孩子出生或命名时的心情，也可以反映尼奥罗社会因缺医少药导致的、即使在今天也很常见的死亡、贫困等悲伤的主题。例如，图布胡瓦伊雷（Tubuhwaire）、布莱特温达（Buletwenda）、布里玛尔瓦基（Bulimarwaki）、卡布维加穆（Kabwijamu）、阿里朱纳基（Alijunaki）和蒂巴纳戈瓦（Tibanagwa）等名字，与时常发生的产妇死亡、家人的悲伤有关；毕康加（Bikanga）、巴里干达（Baligenda）、巴比彦达（Babyenda）和巴加姆巴（Bagamba）等名字，为的是铭记父母在孩子出生时的贫困生活；而伊蒂玛（Itima）、汀蒂耶布瓦（Tindyebwa）、尼彦杜沃哈（Nyendwoha）、恩塞卡纳波（Nsekanabo）、恩蒂雅纳波（Ndyanabo）和蒂巴伊朱卡（Tibaijuka）等名字，则是为了不忘邻居对孩子出生的不友好行为。

安科莱人在孩子出生后立马就为其命名。孩子的名字既可以来自祖先的名字，也可以反映父母在孩子出生时的经历和心情，甚至可以以出生的日子和地点命名。父母和祖父母都有权给孩子命名，但孩子的父亲有优先权。而对格维雷人来说，只有祖母、姑妈等女性长辈才有权给孩子命名。

基苏人给孩子命名的方法最为独特。命名的过程自孩子出生起要持续一整晚。这种传统仪式据信能在梦中召唤死去的祖先，他们会用自己的名字来给孩子命名。

死亡与葬礼

乌干达人的诸多传统葬礼仪式在今天已不流行。极度恐惧死亡的干达人，在死亡五天后才将死者下葬，以确保他/她真的死了。女性尸体被认为比男性尸体腐烂得更快，因此也下葬得更早。事实上，下葬前的停尸天数、悼念仪式的长短，取决于死者的性别和名望。葬礼之后通常是为期一个月的悼念期，以及最终的“驱赶死亡”仪式（Okwabya Olumbe）。如果死亡的是一家之主，那么这个最终的仪式会确立他的继承人或新的一家之主。同时，死者的灵魂会被驱赶出家庭，他的继承人会承诺照料所继承的一切。“驱赶死亡”仪式是一个有很多人参加的盛会，包括部落的长老。仪式上有大量的食物、饮料、音乐和舞蹈，参与者可以无节制地和他人发生性关系。

尼奥罗人的死亡和葬礼比干达人更为复杂。尼奥罗人视死 107
亡为一种可畏的实在（real being），但他们同时相信巫师和鬼魂也能致人死亡。一家之主死亡后，家里年长的女性会整理他的遗体，帮他合眼、修甲、剃须、擦洗，然后用树皮布包裹遗体，露出脸部，停放一两天。在这段时间，遗体的右手会放置一种由小米和芝麻混合而成的食物（ensigosigo），供死者子女食用。在葬礼之前，还要举行一系列仪式：死者的侄子将他生前吃饭用的小篮子（endiiro）[①]、弓箭和屋内的顶梁柱扔到院子中央（拆了顶梁柱的房子会在结构上变得不稳，这样危险的房子在葬礼后通常会被遗弃）；屋内的炉火被熄灭，悼念期的头三天屋内不得生火；一颗来自死者地里的带果实香蕉树也放置在院子中央的物品中；死者的儿子或侄子将他的水罐装满水，再打碎在院子中央的物品上；死者的公鸡被杀死，以防它在悼念期啼叫；公牛被阉割，以防它在此期间交配。三天之后是最终的“献牛”仪式（Mugabuzi），被阉割的这头公牛在仪

---

① 不少乌干达部族在吃小米制成的面糊时，喜欢用一种碗大的叫做 endiiro 的篮子。——译者注

式上被宰杀、分食。在悼念期间，女性和儿童被允许哭嚎，但男性不可以。

尼奥罗人的葬礼在上午或下午进行，避开正午的阳光直射入开启的墓地。和葬礼有关的风俗有：

- 在墓地旁不准哭泣。
- 孕妇不准去墓地，以防流产。
- 男性遗体以右侧卧姿势下葬，女性左侧卧。这也是尼奥罗文化推荐的男女睡姿。
- 遗体头部朝东。
- 任何人不得中途离开。
- 挖掘墓地的工具要留在墓旁。
- 掘墓人必须在墓旁彻底清洗身体，去除身上的仪式痕迹（ritual pollution）和来自墓地的土壤，以防污染住处和菜园。这些东西被认为可以诱发疾病，导致作物枯萎和腐烂。
- 如果墓地挖掘完成后，墓主没有死亡（比如，生病康复了），那么就要埋入一株香蕉树。
- 开启的墓地要有人看守，以防掘墓人或路人不小心跌入而死亡。

108 • 葬礼参加者须拔下自己的头发，覆盖在墓地上。

- 墓地必须用石头等物体明确标记，以防因别人误掘而影响家庭成员的健康生活。
- 如果死者怀恨而死，那必须用黏土封住遗体的嘴巴和肛门，以防鬼魂出窍去追杀仇家。
- 掘墓人要用沾满煤灰的双手挤破一株多汁的植物，死者的孩子必须喝下顺着掘墓人胳膊肘淌下的汁水。

酋长或王室成员的葬礼则更为复杂。例如，对干达人而言，卡巴卡（国王）的死亡会引发以下一连串事件：象征卡巴卡王权的战鼓（Majaguzo）会被保护起来，而他的圣火（Gombolola，宫廷入口处的长明之火）也会被熄灭，直到新的卡巴卡即位再重新燃起。这象征着在新的卡巴卡即位、圣火重新燃起之前，整个王国都失去了生命。卡巴卡的遗体在整理之后停放于宫廷，由莱麦齐（Bulemezi）和格雷雷（Bugerere）部落的酋长看守，这两位酋长的名号分别叫做康加沃（Kangawo）和穆格雷雷（Mugerere）。在下葬之前，遗体会被防腐处理停放6个月。他的下颚骨会被摘除，供奉于一个特别的祭坛，因为干达人认为，一个人的灵魂保留于他的下颚骨之内。在这些仪式结束后，卡巴卡的遗体会在盛大的安排下移葬卡苏比（Kasubi）王室墓地。尼奥罗人也有同等复杂的王室葬礼。

安科莱等部族则不认为死亡是一个自然过程。相应地，在安科莱人的葬礼之前，首先要由巫医确认死亡的原因，并去除死亡给周边环境留下的仪式痕迹。和干达人、尼奥罗人一样，安科莱人也有盛大的王室葬礼。

生活于乌干达北部、属于卡拉莫琼人的一支部落从不埋葬死者。这个名叫“恩因加阿里库姆”（Ng’inga’aricum）的部落会将死者遗弃在荒野，供虫蚁野兽啃食。而对于那些有着埋葬死者风俗的卡拉莫琼人来说，酋长通常葬于畜栏（kraal）的中央，而他的妻子们和其他家庭成员则葬于两边，或靠近畜栏入口的位置。

其他值得一提的乌干达部族葬礼还有：阿多拉人禁止在亲

人死亡后三天内洗澡；基苏人针对无嗣或未婚女性死者有特别
的仪式，会用针线、石臼等物品陪葬，让死者“忙于针织或
109 研磨”而无暇回应尸体猎人和巫师的召唤；许多部族将遗体
面向他们的发源地下葬，如卡拉莫琼人就将遗体头部朝北方摆
放；索加人对一家之主、无嗣的男性和已婚的女性有特殊的葬
式，偶尔也会将一家之主葬于屋内；卢旺达—富比拉人、安科
莱人则会在悼念期暂停农作和手工活，以尊重死者、安慰死者
家庭，以及避免自己被诅咒。

加冕仪式

为了帮助读者更好地理解乌干达的加冕仪式，这里有必要对乌干达现存的君主制做些介绍。目前，乌干达在名义上保留了四五个传统王国，它们是布干达、布尼奥罗、布索加、托罗，以及前途未定的安科莱王国。布干达的君主制影响力最大，因为它是乌干达历史上最重要的王国，宫廷也坐落于首都坎帕拉附近。

布索加王国在前殖民时代并不存在。它由英国殖民当局于
110 1906 年扶立，但不久便灭亡，1919 年又重新建立。布索加王
国的势力范围涵盖了周围的几个小王国（有的说法是酋长
国），英国殖民当局参照对布干达、布尼奥罗—基塔拉、托罗
和安科莱王国的做法，试图在布索加地区扶持强势的君主作为
傀儡，实现对这一带的间接统治。所有这几个王国都源自公元
1200 年至 1600 年前后由比托王朝建立的古代布尼奥罗—基塔
拉王国。今天布尼奥罗和托罗人的国王仍来自比托王室的
后裔。

奥博特总统于1967年废黜了乌干达的几个传统王国，而该国1993年通过的法律又恢复了除安科莱王国以外的四个王国。安科莱王国悬而未决的政治地位源自三大安科莱部落的内讧——王室部落辛达人（Bahinda）、游牧部落希玛人和农耕部落伊鲁人（Bairu）。在历史上，安科莱王国曾有过类似于种姓制的职业等级制度，资源偏向奥穆加贝（Omugabe，国王）、辛达人和希玛人，却牺牲了伊鲁人的利益。自从奥博特于1967年废黜传统王国后，伊鲁人的社会经济实力大增，他们害怕这些成果被不公允的安科莱君主制重新抢去。为了加速安科莱君主制的重建，歧视伊鲁人的部落等级制度必须被废止，或者将伊鲁人从安科莱独立出去。

安科莱君主制难以恢复的另一个复杂因素在于，现任乌干达总统约韦里·穆塞韦尼就是一位安科莱人（Mnyankole），而他恰恰反对安科莱的王权（obugabe）。现阶段，约翰·帕特里克·巴里吉耶·鲁塔希朱卡·恩塔雷六世（John Patrick Barigye Rutashijuka Ntare VI）① 是名义上的安科莱国王。[15]

其他几个传统王国的现任君主是：罗纳德·穆特比二世殿下（Ronald Mutebi II），布干达第二十六任卡巴卡；奥约·恩伊姆巴·卡巴姆巴·伊古鲁·鲁基迪四世（Oyo Nyimba Kabamba Iguru Rukidi IV），托罗王国现任奥穆卡玛（国王）；所罗门·伊古鲁殿下（Solomon Iguru），布尼奥罗—基塔拉王

---

① 恩塔雷六世的加冕没有获得乌干达中央政府的认可。他已于2011年去世，王位由其子查尔斯·阿瑞亚伊加·鲁韦比申吉耶（Charles Aryaija Rwebishengye）继承。——译者注

国现任奥穆卡玛；以及亨利·瓦科·穆洛基殿下（Henry Wako Muloki）[1]，布索加王国第三任“世袭酋长议会主席”（Isebantu Kyabazinga）。

布干达、布尼奥罗和托罗王国起源相同，它们的加冕仪式也大同小异，都是在上一任君主死后举行。此处以近期举行的一场仪式为例。1994 年 9 月 13 日，托罗王国的奥穆卡玛奥约·恩伊姆巴·卡巴姆巴·伊古鲁·鲁基迪四世即位，年仅三岁半，成为当时世界上最年轻的君主。这位年幼君主的加冕仪式，让人想起了四岁的达乌迪·奇瓦于 1897 年即位布干达的卡巴卡。而托罗王国于 1830 年才建立，开国君主是卡波约·卡松松库旺齐·奥利米一世殿下（Kaboyo Kasunsunkwanzi Olimi I）。作为古老的布尼奥罗—基塔拉王国当时最年长的王子，他选择了自立为王。

111 一场典型的托罗王国加冕仪式在王宫举行，始于凌晨 2 点，总时长超过 13 个小时，包括了以下步骤：

- 加冕仪式在夜晚秘密举行，只有男性才能参加（女性在场被认为是不祥的征兆）。新国王于凌晨 2 点醒来，在王子公主们的簇拥下从前门步入王宫。他首先要凭超凡的武力击败一群假想的叛军，象征胜利和王权的战鼓声随之响起。这场假象的战斗宣誓了新王国不惜代价保卫王国、赢得战争的意愿，国王领军也是前殖民时代起就有的传统。
- 新国王被迎入王宫正厅，此时厅内象征王权的各种标

---

① 已于 2008 年去世。威廉·加布拉·纳迪奥佩三世（William Gabula Nadiope IV）被选为新的主席。——译者注

志均因老国王去世而倒置着。加冕仪式的主持人（Omusuga）先向诸神请命，若面前的新国王不是王室血脉则劈死他。当然这种事是不会发生的，因为王位是世袭的。请命之后，主持人便敲响王室的钟声。

• 新国王返回王宫的正门，敲响一面名叫“尼亚莱贝”（Nyalebe）的奇韦齐圣鼓（Chwezi），并献上一头公牛和白色母鸡的血。奇韦齐人是公元 16 世纪前后生活于托罗地区的神秘部族，被认为是托罗人的精神祖先。

• 以上这些仪式在凌晨 4 点左右结束，加冕仪式也就此告一段落。雷鸣般的鼓声和号角声响起，宣告新国王正式加冕，正等待臣民的祝福。人们通常会大声喊出“欢迎人上之人”（Tusemerve Okukurora，Rukirabasaija）和“陛下万岁”（haugiriza agutambae）等口号。

• 在黎明时分，国王会重新步入王宫进行下一场仪式。他端坐于一名处女的大腿上（因为黑夜已经退去，所以女性可以参加这个环节的仪式），享用王室早餐（小米面包）。之后，他会被要求侧卧在地上一段时间，期间不得翻身，以宣告自己有能力和意愿来忠实地履行职责，并且能做出果断的决定。

• 最后，国王被献上一把古代的铜制长矛、一面皮革盾牌，用它们来宣誓自己捍卫领土和臣民的决心。

奥穆卡玛奥约·恩伊姆巴 1994 年的加冕仪式还添加了新的环节，以表达托罗君主对当代总教和政治环境的承认。例如，包括托罗国王在内的多数乌干达传统王国的君主，一直都信奉英国圣公会，这个教派的政治霸权自殖民时代以来就存

112 在。但这一次，新加冕的国王还去了坎帕拉的圣约翰美国圣公会主教座堂，在乌干达总统约韦里·穆塞韦尼、政府高官、王国随从、外国使节等尊贵客人的见证下，被再度加冕为托罗国王。在这个二度加冕仪式上，保禄·卡兰达主教（Bishop Paul Kalanda）手捧《圣经》，尤斯塔斯·卡玛尼雷主教（Bishop Eustace Kamanyire）则负责给国王加冕。

二度加冕过后，国王返回王宫，挑选出一些高贵的托罗男性（Abajwarakondo）随他一起视察王室的农场。约韦里·穆塞韦尼总统也在这群人之中。他虽说是一名安科莱人，却掌握着曾属于托罗国王的行政权力，而正是他的政府于 1993 年恢复了托罗王国，因此对王国的福祉至关重要。

托罗王国的君主制已存在约两个世纪，但它的未来并不明朗。托罗王国地处地震多发带，被迫修建了一座昂贵的防震王宫。而这些年又有多名王室成员意外去世。[16]

托罗这样的传统王国的存续还面临着更严峻的挑战，即，它们自殖民时代起就已失去了原有的影响力。原因有很多个。首先，英国殖民当局与这些王国（尤其是布干达）相互勾结残酷剥削人民，让它们失去了原有的社会支持和合法性。殖民当局还在中央政府从未管辖过的地区扶持了君主制（如布索加），导致形势进一步恶化。布索加这样的“殖民王国”的建立，既不符合实际，又不受当地人欢迎。

其次，乌干达的快速现代化削弱了各部族的地方主义，动摇了前殖民时代王国的根基，使得这些王国在现代国家中的地位变得岌岌可危。今天新成长起来的乌干达人，从小接受的是国家认同教育，很多人所在的部族从没经历过君主制。即便是那些传统王国的国民，也没有太多的王国记忆，因为他们多数成长于1967至1993年废除王国的时期。即便这些王国在近来又重新建立起来，它们也只剩下了文化意义，并非独立的政治实体，这妨碍了它们影响力的恢复。为了确保在未来乌干达的地位，它们正积极地与世界上的其他王国建立联系。但目前还不清楚它们是否能成功夺回在乌干达社会的历史地位。

祈雨仪式 113

乌干达的传统社会不外乎农耕和游牧，乌干达人的生活依赖于及时而又充沛的降雨。干旱对许多部族来说是很严重的灾害，被认为是祖先或神祇因祭品不足而迁怒于凡人。面对干旱，许多地方会有相应的祈雨仪式，其中有名的是基加人和卡拉莫琼人的仪式。这里对游牧的卡拉莫琼人的祈雨仪式（akirriket）做些介绍。每当严重的干旱来临，两至三位长老代表全族找到巫医（Emurron），献上一整个葫芦的牛奶，恳求他祈雨。在订下日期祈雨之前，巫医会要求长老们提供一头黑色的公牛。

在祈雨当天，全族的长老聚集在指定地点，于公牛身旁围成半圆而坐。他们面向围观的普通村民，两群人之间会点燃一团火。接下来，人们会在公牛和长老们之间铺上干草，屠夫在干草上用长矛将公牛宰杀（为了获得宰牛的至高荣耀，屠夫还需用一头小母牛补偿公牛的主人）。把牛肉烤熟后，巫医会来到场地中央，背对长者，将他的长矛直插入泥土，呼唤雨水的到来（雨水常会立刻降下，或在几天内应验）。巫医祈雨之后，宴会才正式开始，巫医和长老团可以瓜分牛的两条后腿，其余部位的肉则由两名侍从先分享给长老，待他们食用完毕后，再将剩下的分给围观的村民，作为祈雨仪式的结束。

节　庆

乌干达的全国性节庆活动并不多见，但还是有一些庆祝丰收、艺术和文学的小型活动。例如，一年一度的“国家图书周”，面向中小学校的“国家戏剧节”，以及阿玛库拉电影节。在国家图书周期间，各地的图书馆会举办活动，坎帕拉还会有大型的国内外书展。在国家戏剧节上，人们可以看到从地方选拔脱颖而出的优秀表演。阿玛库拉电影节则是新诞生不久的节日，推动了电影在乌干达的普及。[17]另一个前景光明的全国性文化节日是湖畔城市金贾的“奥穆万戈”节（Omuvango Festival）。这个诞生于 1996 年的活动旨在向外界展示乌干达的文化遗产，甄别并保护乌干达的村庄文化。它的组织者是金
114 贾市政厅和尼罗打击乐艺术团（Nile Beat Artists），每届会有60 多个文化表演团体参加。最正宗的乌干达村庄文化得以在活动上展现给外国游客，后者很少有机会深入村庄，对传统乌干达文化常有不准确的看法。[18]

国立和宗教假日

乌干达有 10 个主要的国立和宗教假日，分别是新年（1 月 1 日）、国际妇女节（3 月 8 日）、圣周五（Good Friday）、复活节星期一（Easter Monday）、劳动节（5 月 1 日）、殉道者

日（6月3日）、独立日（10月9日）、自由日（1月26日）、国家英雄日（6月9日）、圣诞节（12月25日）以及圣诞节翌日的节礼日（Boxing Day）。全体乌干达人都会庆祝独立日、自由日、国家英雄日和劳动节。占人口多数的基督徒庆祝圣诞节、复活节、殉道者日和节礼日。穆斯林则庆祝宰牲节（Eid al Adha）和开斋节（Eid al Fitr）。宰牲节纪念的是易卜拉欣在安拉的命令下献祭自己的儿子以实玛利（犹太教和基督教的版本里，上帝要求亚伯拉罕献祭另一个儿子以撒，而不是以实玛利）。为了庆祝宰牲节，人们会献祭一头奶牛或羊羔，再现易卜拉欣对安拉命令的服从。献祭的家庭可以获得三分之一的祭品，剩下的肉则捐给穷人。开斋节则标志着穆斯林斋月的结束。

新年、国际妇女节、劳动节、殉道者日、国家英雄日、独立日、圣诞和节礼日每年都有固定的日期。而某些基督教假日如复活节（从圣周五到复活节星期一）和耶稣升天节，以及穆斯林假日如宰牲节和开斋节，则没有固定的日期，尤其是穆斯林的假日，每年随阴历变化。

复活节在基督教传统中有着重要地位，因为在3月22日至4月25日期间，耶稣完成了死亡、葬礼和复活。复活节之后40天是耶稣升天节，庆祝的是耶稣升入天堂，这个日子通常是在星期四。

圣诞是乌干达最重要的年度假日。在圣诞期间，乌干达人会相互问候“圣诞快乐”（Mukulike Okutuuka Ku Mazaalibwa），以庆祝又度过了生命中的一年。乌干达的圣诞庆祝活动早在十二月的第一周就已经开始，人们会交换圣诞卡片和新衣服等礼物。城市中会矗立起大型的圣诞树，教堂装饰一新，还有各种精心准备的圣诞合唱、音乐剧和舞台剧。圣诞期间的教会活动很受欢迎，参加的人也很多，一些平时很少参加教会活动的人也会被吸引来。

115 在圣诞夜和圣诞当天，乌干达人会为家人和朋友准备丰盛的食物，以及大量的酒水饮料。不少人因此会喝得大醉，吵闹斗殴，发生酒驾事故甚至人员伤亡。部分圣诞庆祝活动会一直持续到第二天清晨。

独立日纪念的是乌干达于 1962 年摆脱英国殖民统治获得自由，也是这个国家最重要的政治假日。总统和地方政府首脑会在当天发表爱国演说，检阅三军，并观看学生和传统舞蹈演员组成的游行表演。

娱乐和运动

同世界其他地方一样，娱乐和运动是乌干达人的主要休闲方式。娱乐和运动除了具有休闲价值，还是重要的社交场合。乌干达人的休闲活动有运动、电影、舞台剧、喜剧、舞蹈、啤酒，以及各种传统游戏，如流行于全国的播棋“姆韦索”（Mweso）。

运动

乌干达是一个运动之国，流行的运动项目有足球、拳击、田径、篮球、板球、高尔夫球、摩托车竞技、橄榄球、网球、排球和越野。[19]足球是组织化程度最高的项目，乌干达拥有一个竞争激烈的超级联赛，著名的球队有坎帕拉市政厅队、快速队、地平线队、运动俱乐部队、糖业公司队、摇滚巨星队和黑犀牛队。乌干达的广播和电视时常转播这些球队的比赛，但高发的球队腐败、球员跳槽到高薪的国外联赛和粗暴的管理等因素，让乌干达的足球联赛质量大幅滑坡，失去了很多本地球迷。许多球迷因此变成了外国足球联赛的拥趸，尤其是卫星实况转播的英格兰超级联赛。阿森纳、切尔西、利物浦和曼彻斯特联是最受乌干达人喜爱的英格兰球队。[20]乌干达的足球水平亟需提升，才能吸引球迷更多地支持本国的足球俱乐部。

乌干达不仅有国家联赛，还有遍布各地的小型足球俱乐部。从小学到大学都有各自的足球队参加校际比赛，争夺不同组别的全国冠军，其中竞争最激烈、最受欢迎的是中学生的冠军赛。

乌干达的传奇足球巨星有菲利普·奥蒙迪（Phillip 116
Omondi）、马吉德·穆西西（Magid Musisi）、戴维·奥蒂（David Otti）、戈德弗雷·卡特雷加（Godfrey Kateregga）和保罗·哈苏勒（Paul Hasule）。他们尽管闻名全国，却依旧过着平凡的生活，因为乌干达的足球联赛从政府和企业那边获得的资助很少。而贫困的乌干达人也无法负担球票，进一步恶化了球员的收入。

乌干达足球的另一面是它的国家队，又名灰冠鹤队（the Crested Cranes）①。国家队从国内的超级联赛中挑选优秀球员

① 灰冠鹤是乌干达的国鸟，其形象可见于乌干达的国旗和国徽。——译者注

加入。灰冠鹤队是一支地区强队，多次参加非洲国家杯的比赛，争夺世界杯门票。虽然乌干达从未参加过世界杯决赛阶段的比赛，却多次获得过东非和中部非洲足球比赛的冠军。乌干达国家队 2005 年在国际足联的排名中名列非洲第 27 名、全球第 115 名。

乌干达顶级足球运动员跳槽到欧洲、北美和南美的高薪联赛，是该国足球水平滑坡的另一个因素。对球员而言，国外的绿茵场有助于他的自身发展，却不利于国家队的比赛，因为国外联赛和国家队的日程常有冲突。乌干达若想留住这些优秀球员，就必须大力发展经济，改善球员的工资。[21]

高尔夫球也是乌干达的流行运动，深受本地商人、政治精英和外国游客的欢迎，以恩德培、坎帕拉和加鲁加（Garuga）高尔夫俱乐部最为有名。精英人士喜爱的运动及场地还包括：卢戈戈（Lugogo）俱乐部的橄榄球和网球，喜来登酒店、银泉酒店和温莎维多利亚湖畔酒店的游泳，坎帕拉航空俱乐部的飞行教程，斯皮克船员俱乐部的赛艇，以及捷兔俱乐部（Hash House Harriers）的越野竞走。

乌干达还培养了许多优秀的运动员，如板球手山姆·瓦卢辛比（Sam Walusimbi）、摩托手山姆·萨利（Sam Sali）、游泳运动员阿格雷·阿沃里（Aggrey Awori）和戴维斯·卡莫加（Davis Kamoga）、乒乓球手玛丽·穆索克（Mary Musoke）、网球手约翰·奥杜克（John Oduke）、3000 米障碍赛运动员多库斯·伊辛库鲁（Dorcus Izinkuru），以及于 1968 年墨西哥城奥运会为乌干达首夺奥运拳击奖牌（铜牌）的列奥·卢瓦波戈（Leo Rwabogo）。[22]

电影

虽然在乌干达，电影仍是一项比较精英化的娱乐方式，但它正慢慢地被普通人接受，尤其是在坎帕拉和金贾这样的大城市。乌干达最好的电影院多集中在坎帕拉，包括国家剧院、广场剧院、恩德雷中心（Ndere）、花园城市电影院、库珀剧院 117
（Cooper）和麦克雷雷大学。录像厅在坎帕拉及整个乌干达也很流行。电影的日渐普及，离不开成功的市场营销，尤其是2004年创立的阿玛库拉坎帕拉国际电影节，推动了电影文化在乌干达和东非的流行。电影节会在坎帕拉的电影院和录像厅播放影片，还配有移动设备，可在城市各处展播露天电影。[23]乌干达人对电影的热情，还体现在城市中视频出租生意的日渐红火。

选美比赛

选美比赛正逐渐为乌干达的主流文化和娱乐所接受，以乌干达小姐（Miss Uganda）、基亚波戈大学小姐（Miss Kyambogo Univeristy）和“艾滋去污名”小姐（Miss HIV-Stigma Free）最为有名。乌干达小姐比赛于2001年启动，组织者是西尔维娅·奥沃里（Sylvia Owori）。作为乌干达最成功的选美比赛，乌干达小姐的主题是“美得有意义”，旨在“增强乌干达女性的形象和自尊”。[24]“艾滋去污名”小姐比赛的目的，在于消除人们对艾滋病的偏见，尤其是在高发地区。[25]

尽管选美比赛日渐流行，但乌干达政府一直想要禁止选美，因为选美腐蚀了年轻人的道德、触犯了宗教戒律，并鼓励了裸露、色情和卖淫。[26]政府并非在捏造谎言，因为乌干达的选美冠军赚不到太多的钱，在金钱的诱惑下有些人走上了卖淫和色情的道路。[27]

喜剧

喜剧是一种深深根植于乌干达文化的娱乐形式。有别于传统社会，今天乌干达的喜剧正日渐商业化和职业化，以满足不断变化的社会需求。但即使这样，也很少有乌干达人负担得起职业喜剧表现，职业喜剧在很大程度上仍属于精英娱乐。乌干达的知名喜剧演员有卡托·卢布瓦玛（Kato Lubwama）和哈吉·阿什拉夫·塞莫格雷雷（Hajji Ashraf Semogerere）。[28]

传统派与现代派

当代乌干达文化既不是严格意义上的传统派，也不是纯粹的现代派，而是二者兼而有之。如果我们可以将文化视觉化为
118 光谱，那么传统派就是在光谱的左侧，而现代派在右侧，中间的是传统和现代价值都有的中间派。传统派人士尽可能地坚守传统社会价值观，如尊老、公社主义（communalism），而现代派人士的生活尽显欧洲（西式）的价值观，如个人主义。现代主义和传统主义的势力，在城市和农村地区有很大差别。

乌干达的农村人口过着更为传统的生活，那里的文化同质性更高，而西化的影响较弱。这些人视自己为真正的乌干达人，常质疑城里人的价值观和生活方式。今天，多数的乌干达人仍生活在农村地区，传统派应占了全国人口的多数，尽管他

们的传统程度不尽相同。即便是在农村地区，也会有一些现代派人士，他们的收入和物质资料（如电视、汽车）允许他们享受现代的生活方式。

在光谱的另一头，多数城市乌干达人有着现代的生活方式，因为他们有更高的教育水平、更多的收入，以及可以接触到更多的本地和外国媒体（如报纸和电视）。但是，城市里还有人口众多的“农村—城市”移民，他们的生活方式仍相当地传统。老话说得好，容易的是让人离开农村，难的是让农村离开人。

许多乌干达人既非传统派，也非现代派。他们从传统和现代文化中挑选对自己有利的元素。例如，我们可以称来往于城市和农村的经常性移民为“文化变色龙”，他们在不同环境中有着不同的价值观和行为，在城市是现代派，到了农村就变成了传统派。

游牧、农耕和村庄

在今天的乌干达，东北部的卡拉莫琼人、赛贝人、库玛姆人（Kumam）[①]、泰索人，以及西南部的部分安科莱人，仍或多或少过着游牧生活。还有一些部族（如兰戈人）曾经也过着游牧生活，其他部族的抢夺和疾病的侵袭使他们失去了土地和牲畜，不得不放弃原来的生活方式。即使对卡拉莫琼人、赛贝人、库玛姆人和泰索人而言，游牧生活也在逐渐衰落。他们

---

① 泰索人的一支。——译者注

119 不仅要面对现代化、经济转型和基督教等新宗教的影响，也受到草场日益萎缩的威胁。现金经济的引入，使得牲畜不再是衡量财富的唯一手段。而游牧部族的教育现代化，也割断了年轻一代与游牧生活的联系。

现代乌干达的游牧生活只是传统游牧生活暗淡的缩影，二者有很多的不同。传统牧人逐水草而居，没有现代兽医学帮助改善牲畜的质量和存活率。传统的游牧是一种相对平静的生活，而这种平静对今天的乌干达牧民来说已经不复存在。他们不仅饱尝长年内战之苦，也面临着越境武装牲畜劫匪的威胁，尤其是在乌干达的卡拉莫琼地区和肯尼亚的图尔卡纳（Turkana）地区之间，这些武装劫匪正日益威胁着当地居民和牲畜的安全。而随着人类和动物数量的激增，草场和水源日益短缺，给游牧生活造成了新的压力。近来在游牧部族和农耕部族之间还爆发了新的冲突，原因是牲畜践踏了作物。总之，游牧部族面临的各种压力正威胁着他们的生活方式，迫使许多人转而从事农耕或经营固定场所的牧场。

占据乌干达人口绝大多数的，是农耕的班图部族，如干达人、尼奥罗人和托罗人，农耕生活因此一直是乌干达人生活的重要组成部分。在传统社会，农耕的主要作用是提供基本的食物，很少有剩余产品可以用来交换铁器、树皮布等物品。但在今天，农耕不仅是一种食物来源，也是支撑乌干达经济的重要部门。乌干达农民多从事混合农业，既种植作物（如咖啡、茶叶、棉花、烟草、甘蔗、香蕉、菜蕉、豆类、玉米、水稻、小麦，以及各种水果、蔬菜、香料和油料作物），也圈养牛、羊、鸡等牲畜。在某些地区，鱼类和野生动物也是食物的重要补充。

总体上，多数乌干达农民从事着自给自足的农耕生活。农产品多来自小型家庭耕地或租田，很少使用昂贵的现代农机设备（如拖拉机）、化肥或商业种子。相反，农耕仍是一项劳动密集型活动，使用简易的手工工具（如锄头和砍刀），播下的是上一季收获的种子。

尽管乌干达是粮食最充足的非洲国家之一，但单个农民的农业产出仍很低，还有很大的提升空间。大量农民还成了“农村—城市”移民，因为在人口压力下他们越来越难获得田地，而停滞的农业产出也愈发难以维系家庭的基本生活来源。 120

未来乌干达的粮食安全取决于更多的社会变革：传统的自给自足体系必须转变为现代农业生产，破除女性土地所有权的文化和法律枷锁，改善粮食加工和储备工艺而减少浪费，改进农产品销售和分配体系，废除传统的土地继承和占有制度，避免代际继承导致的土地碎片化影响生产率，依靠发展工业等其他经济部门而减少国家对农业的依赖。提高农业产量，还可以尝试推广灌溉农业，毕竟乌干达水资源丰富，不仅有尼罗河，还有维多利亚湖、基奥加湖、艾伯特湖和爱德华湖。

乌干达的商业农业在今天以种植经济作物为主要形式，如咖啡、茶叶、棉花、烟草和甘蔗，也有一些粮食作物，尤其是小麦。乌干达商业农业部门的控制权在亚裔精英和跨国公司手中，集中在金贾地区和乌干达西部。亚裔精英对农业和商业的过度垄断，引发了本地乌干达人的不满，也在 20 世纪 70 年代早期招致阿明政权没收了他们的资产。

遍布于农村地区的传统村庄生活，也在现代化的大潮中发生着巨变。现代性的符号，如电视、广播、移动电话、公路、汽车、自行车、卫生设施、学校和购物中心等，正越来越明显地侵入村庄生活，在一些地方甚至模糊了城市和农村的界限。传统村庄生活的现代化在靠近城市的地区最为明显，因为城市是更强大的现代化载体。反过来，偏远地区仍保持着鲜明的传统村庄生活。

乌干达村庄生活的巨变，还源自节假日频繁回乡的城市定居者，后者将城市价值观和消费习惯介绍给了他们的农村家庭成员。他们相对较高的收入和消费，拉大了与村民的差距，激发了村民对现代化的渴望，最终导致更多人成为了“农村—城市”移民。随着变迁载体（change agents）的日渐增多，地方现代化的步伐进一步地加快了。

变迁的载体：西方与地方

不断的文化变迁是乌干达社会的常态。19 世纪中叶以来，
121 文化的变迁愈发加快，原因有伊斯兰教和基督教的引入、与阿拉伯人和欧洲人的贸易、英国殖民和西式教育、现代通讯和交通的发展，以及全球化。这些变迁的载体诱发了地方文化价值观的衰落，并用混合了地方和外来元素的价值观替代了它们。在以上五个因素中，最根本的要数伊斯兰教、基督教和殖民主义的到来。

乌干达人在伊斯兰教和基督教到来之前有自己的本土宗教信仰（参见第二章）。基督教和伊斯兰教却成功地代替了本土宗教，成为了多数乌干达的一种生活方式。根据他/她的礼拜

方式、着装、婚姻、餐饮、社交甚至说谈吐，我们可以判断一个人是基督徒还是穆斯林。例如，乌干达的穆斯林读《古兰经》，取穆斯林名字（如穆罕默德），穿阿拉伯服装，吃清真的肉（按照《古兰经》规定的方式宰杀），并禁食猪肉，有可能的话还要用阿拉伯语与安拉交流。不少人还在穆斯林学校（Madrasas）甚至穆斯林大学接受教育。姆巴莱穆斯林大学是乌干达第一所伊斯兰大学，也是伊迪·阿明总统留下的少数正面遗产之一。

基督徒则读《圣经》，上基督教学校和大学，穿欧式服装，在钢琴或管风琴声中用拉丁语或英语礼拜，在传统名字之外还有欧式的名字。他们模仿西式的用餐礼仪，在餐桌上不用手而用刀叉。[29]某些基督徒精英甚至不爱吃本地食物，而更偏爱欧式餐饮。

虽然基督教和伊斯兰教在乌干达占有绝对的统治地位，在全国范围内仍有不少的传统宗教信仰者。许多人其实既信仰传统宗教，又信仰基督教或伊斯兰教。

英国在乌干达的殖民统治正式始于1894年乌干达沦为英国保护国那一刻。在1962年乌干达获得独立之前，英国人已经在这个国家建立起一套英式的政府、社会服务、通讯、交通、教育和防卫体系，也引入了资本主义经济和文化，并普及了英语，使之成为独立后乌干达的官方语言。英国几乎是乌干达殖民地唯一的贸易伙伴，并享有优惠条件。双边贸易不平衡并没有因乌干达的独立而逆转，相反，因为乌干达的农产品价值远低于英国的工业品和文化产品，这种贸易不平衡仍在加剧。从这个意义上说，英国并没有失去对乌干达的统治。

122 在殖民时代，学校教育的目的是以英国文化取代地方文化。部分受过教育的乌干达精英抛弃了他们的地方文化，转而拥抱了英国文化，这种心理殖民至今仍影响着乌干达社会，比如英国的足球比赛就深受乌干达人欢迎。这一现象不仅妨碍了本土足球的发展，吸走了资金，还在近期迫使乌干达超级联赛修改比赛日程，以免和电视转播的英国联赛冲突。

英国殖民主义对当代乌干达文化的影响，还体现在将乌干达带入了全球化的进程，通过现代贸易、通讯和交通的发展，将乌干达和世界的其他地方联系起来。通过英语教育，英国人也在无意中将乌干达与英语为主的国际文化联系起来，尤其是与美国有线电视网和英国广播公司这样的英美媒体巨头。尽管文化的传播通常是双向的，但乌干达弱小的国际经济地位使其只能成为国际文化的末端接收者，这进一步阻碍了地方文化的发展。

变迁中的经济与价值观

乌干达的主要部族（如干达人）在前殖民时代都或多或少发展出了资本主义经济，让英国人没有对其进行太多改造就将这个保护国纳入了全球资本主义体系。再加上强大的本土王国势力的制衡，英国人在乌干达实行了间接的殖民统治，只建立了有限的几个定居点。这就与邻国肯尼亚不同，大量的欧洲人定居点充当了资本主义经济的先锋，尤其是在农业领域。除了保持本土行政结构不变外，英国人还鼓励本地乌干达人加入铜、棉花和咖啡的生产。到了独立之际，乌干达已拥有一个也许是东非最发达的本土工商阶层，以及相应的社会服务体系，也让乌干达成了整个地区现代职业阶层发展的领头羊。而麦克雷雷大学的存在（曾被誉为非洲的牛津和哈佛大学），又让乌干达人相比他们的东非同胞有更多机会接受大学教育。

倘若乌干达独立之前的社会经济制度还在，那这个国家仍将是地区发展的标杆。但是，1971 年至 1986 年间席卷了乌干
达的政治动荡，基本上消灭了其高度发达的工商阶层、社会服 123
务和工业成就。城市生活一度成了噩梦。直到 1986 年穆塞韦尼领导的全国抵抗运动恢复了政治秩序，乌干达的前景才变得光明起来。从那时起，乌干达就致力于恢复原有的社会经济制度，恢复原有的工业、教育、防卫、健康、商业、政府和社会服务体系。这标志着乌干达经济再次开始复苏，让大量乌干达人有机会找到稳定的工作，并负担得起基本的工业消费品，如电视机、收音机、汽车和加工食物。总之，以城市地区为主的现金大众消费社会在乌干达已初具雏形。

社会经济的变迁带来了新的社会价值观，如个人主义和对电影等现代娱乐的需求，以及传统价值观的瓦解。以高水平教育、收入和消费为基础的现代生活方式正逐渐取代传统的生活方式。传统的社会化体系正被学校教育代替，后者以更有用的现代技能教育代替了传统教育。随着现代资本主义经济的扎根，乌干达的生活成本也在不断上升，乌干达社会已分层为不同的经济阶层，尤其表现为富人和穷人的对立。迫于生存需要，越来越多的城市乌干达人迁入了贫民窟，不得不从事边缘化的经济活动，如犯罪、小商业和卖淫。[30]

变迁中的政治文化

与殖民主义的到来、现代政府结构的建立相伴随的，是传统政治体系的衰落，如布干达、布尼奥罗、安科莱和托罗君主制的衰落。尽管这些王国已于 1993 年得以重建，但它们已不再掌握之前的政治权力。例如，布干达君主制曾十分强盛，是殖民时代乌干达政府的核心。因为布干达的权力过于强大，英国殖民当局不得不将王国的首脑（卡巴卡）流放到英国本土。

卡巴卡于 1955 年回归乌干达，在乌干达与英国的独立谈判中扮演了重要角色。1963 年，他成为名义上的总统和国家元首，与总理米尔顿·奥博特分享权力。但在 1966 年二者发生了冲突，布干达威胁独立。卡巴卡遂被奥博特罢黜，逃亡到英国，并死在了那里。奥博特也借机废止了 1962 年的联邦独
124 立宪法，并在 1967 年颁布了一部共和宪法，其中最大的变化是将总统和总理合并为一个拥有强大行政权力的总统职位。这个高度集中的权力结构延续到了今天，只是在穆塞韦尼和他的全国抵抗运动于 1986 年上台后进行了微调，创造出具有一定分权性质的行政结构，划分出村、教区、县、区和国家总统。[31]

乌干达独立以后的一大政治特征，是民选和独裁政府轮流上台。高度集中的政府结构激起了部族和宗教矛盾，而政客们借机利用这些矛盾充实自己的政治实力。例如，米尔顿·奥博特利用北方人尤其是他的兰戈亲族来巩固自己的权力。伊迪·阿明作为一名卡库瓦穆斯林，靠同为穆斯林的苏丹努比亚士兵和卡库瓦亲族的支持而得以掌权近十年。[32]现任总统约韦里·

穆塞韦尼，则被指责在政府中任命了过多的西部乌干达人。乌干达北方的长期内战，某种程度上也是源于北方人对西南部人士把持的坎帕拉政府的不信任。[33]

乌干达政治动乱的另一个主要原因，是缺少真正的民主政府。一些人迫不得已用破坏社会的方式（内战）来表达他们的不满。要想在乌干达实现长久的社会稳定，就必须建立更融通的政治体系。

注释：

1. “乌干达”，饥饿与食物组织，2003～2005年，http：//www.fh.org/uploads/images/1707/Uganda_ 2005.doc。

2. 理查德·恩齐塔、姆巴加—尼旺帕，《乌干达的民族和文化》（坎帕拉，泉水出版社，1997年）。

3. “乌干达”，饥饿与食物组织。

4. 同上。

5. 奥古斯都·努瓦加巴，“乌干达政治经济中的女性现状分析”，《东非社会科学研究评论》第17卷第1期，2001年1月，第15～30页，http：//www.ossrea.net/eassrr/jan01/augustus.htm。

6. A.B.K. 卡索齐，“乌干达的高等教育：成本、女性入学、弱势群体入学的问题”，2002年女性世界大会论文，麦克雷雷大学，坎帕拉，2002年7月21～26日），http：//www.makerere.ac.ug/womenstudies/full%20papers/kasozi.htm。

7. “乌干达：国家和人民——班图”，脸谱音乐网，2005年，http：//www.music.ch/face/inform/poeple_ uganda.html。

8. 理查德·恩齐塔、姆巴加—尼旺帕，《乌干达的民族和文化》。

9. 艾利·马里·特里普，“女性崛起：向乌干达妇女运动致敬”，2002年，http：//theartroom-sf.com/trippessay.htm。

10. 夏洛特·梅特卡尔夫，“改变乌干达”，《人民与星球》，2000年，http：//www. peopleandplanet. net/pdoc. php？ id = 310。

11. 理查德·恩齐塔、姆巴加—尼旺帕，《乌干达的民族和文化》。

12. 内森·埃腾古，“穆塞韦尼威胁取缔割礼”，《新景报》，坎帕拉，乌干达，2003 年 10 月 14 日，http：//www. cirp. org/news/newvision10-14-03/。

13. 罗纳德·H. 格雷、玛利亚·J. 瓦威尔、诺亚·基瓦努卡、戴维·塞尔瓦达、尼尔森·K. 塞旺卡博、弗雷德·瓦布韦雷，“男性割礼与艾滋病的感染和传播：以乌干达拉凯地区为例”，《艾滋病期刊》，第 16 卷第 5 期，2002 年 3 月 29 日，第 809 ~ 810 页。

14. 理查德·恩齐塔、姆巴加—尼旺帕，《乌干达的民族和文化》。

15. 我的乌干达网，“君主制——安科莱王国”，1996 ~ 2006 年，http：//myuganda. co. ug/monarchies/ankole. php。

16. 艾伦·穆托诺，“幼王”，游猎伴侣网，1996 ~ 2005 年，http：//www. safariweb. com/safarimate/boyking. htm。

17. “阿玛库拉坎帕拉国际电影节”，故事线，2005 年，http：//www. amakula. com/index. html。

18. “乌干达的文化节日”，《金贝鼓》第 29 期，1999 年 7 月，http：//www. djembe. dk/no/29/15kn. html。

19. “运动”，我的乌干达网，2005 年，http：//www. myuganda. co. ug/sports/index. php。

20. 艾芙琳·基亚皮·马萨穆拉，“最热情英国足球球迷的故乡？乌干达”，媒体间服务网，2005 年 9 月 28 日，http：//www. ipsnews. net/africa/nota. asp？ idnews = 30457。

21. 格特鲁德·卡穆兹，“国家的奖杯：球星出走打击乌干达足球”，《东非人》，2003 年 2 月 3 日，http：//www. nationmedia. com/。

22. 马克·萨利，“乌干达名人堂：我听到你了，塞基托”，《每日观察报》，2005 年 6 月 14 日，http：//www. monitor. co. ug/sports/

spt06145. php。另见辛沃格雷雷·基亚兹，“自行车祸：小气鬼不付钱”，2005 年 10 月 30 日，http：// www. nationmedia. com/。

23. “阿玛库拉坎帕拉国际电影节”，故事线。

24. “乌干达小姐：简介”，乌干达小姐组织，2005 年，http：// www. missuganda. co. ug/press. php。

25. “乌干达为艾滋病学生举办选美”，《新景报》，2005 年 5 月 31 日，http：//www. aegis. com/news/nv/2005/NV050545. html。

26. 杰克·布卢瓦莱，“选美与卖淫：乌干达官员威胁取缔选美比赛，宣称比赛带坏了选手”，2000 年 8 月 9 日，http：// archive. salon. com/sex/world/2000/08/09/uganda/。

27. “乌干达威胁取缔选美比赛”，《纳米比亚人》，2000 年 8 月 7 日，http://www. namibian. com. na/Netstories/2000/August/Africa/0097024EBB. html。

28. “娱乐新闻”，我的乌干达网，2005 年，http：//www. myuganda. co. ug/ sports/index. php。

29. 理查德·恩齐塔、姆巴加—尼旺帕，《乌干达的民族和文化》。

30. 乔齐姆·布温博，《如何成为一个乌干达人》（坎帕拉，泉水出版社，2002 年）。

31. 亚当·塞福特，《乌干达：溅血的非洲明珠与为了和平的斗争》（兰塞里亚出版社，南非，百利非洲摄影集，1994 年）。

32. 亨利·基彦巴，《血之国：伊迪·阿明内幕》（纽约，王牌图书，1977 年）。

33. 艾利·马里·特里普，《乌干达的女性与政治》（麦迪逊，威斯康星大学出版社，2000 年），第 57 页。

125

八、音乐、舞蹈与舞台剧

音乐和舞蹈是乌干达人日常生活不可或缺的元素，几乎所有场合都伴有音乐和舞蹈，如婚礼、命名礼、娱乐、工作和礼拜。不同部族有各自的历史和价值观，就算是庆祝相同的人生经历（如出生、死亡和婚姻），他们也有各自独特的音乐，从而造就了极其多样化的乌干达音乐。在乌干达文化中，从农活、葬礼到国家元首的娱乐生活，一切活动都离不开音乐。不断变迁中的文化为乌干达的音乐注入了新的演进动力。[1]

作为社会经济生活的一种，乌干达音乐在伊迪·阿明和米尔顿·奥博特统治时期遭到了严重的冲击。尽管阿明喜爱音乐，还组建了官方的非洲心跳（Heartbeat of Africa）舞蹈团，[2]带着舞蹈演员视察全国，但混乱的社会状况却使得音乐人难以自由地创作、表演和谋生。不少音乐人逃亡到了肯尼亚等国，导致大量20世纪70年代和80年代的乌干达音乐诞生于海外。

1986年穆塞韦尼的上台恢复了乌干达的国内秩序，也开启了乌干达音乐的复苏之路。越来越多的乌干达音乐出口到周边国家就是最好的例子。不少乌干达音乐人成了地区音乐偶像，成名之路并不一帆风顺，因为他们不太会说东非最流行的

地区语言斯瓦希里语。乌干达的主流当代音乐人有“变色龙” 126
约瑟（Jose Chameleone）、瓦托托儿童合唱团（the Watoto Children's Choir）、迈迪·穆纳比（Medi Munabi）、詹姆斯·穆提亚布莱（James Mutyabule）、理查德·穆萨纳（Richard Musana）、谢拉·恩瓦农吉“公主”（Omumbejja Sheila Nvannungi）、“酷婴”（Bebe Cool）、温妮·穆尼彦加（Winnie Munyenga）、朱丽叶特·穆吉瑞亚（Juliet Mugirya）、保罗·卡费罗（Paul Kafeero）、多萝西·布基鲁瓦（Dorothy Bukirwa）、朱莉安娜·卡尼奥莫齐（Juliana Kanyomozi）、迈萨赫·塞玛库拉（Mesach Semakula），以及已故的菲力·本戈莱·卢塔亚（Philly Bongoley Lutaaya）。[3]

乌干达的音乐演进历史，可分为三个不同时期：前殖民时代、殖民时代和后殖民时代。前殖民时代以传统音乐和乐器为主，传播范围局限于单个部族内部。不同部族之间的音乐交流十分有限。19世纪末开始的殖民时代也是乌干达现代音乐的发端，因为欧洲传教士和殖民者带来了新的音乐文化、乐器和谱曲技术。欧洲人还促成了乌干达音乐的商业化，随之而来的录音机和广播台将录制的音乐传播到了更远的地方，最终推动了音乐市场和分销体系的建立。后殖民时代继承并发展了殖民时代的音乐趋势。在这一时期，在不断深入的全球化进程、更多的现代音乐技术和风格、加速的人口流动、更高的收入等因素的共同作用下，不论是录制音乐还是现场音乐，都在数量和风格上实现了飞跃。

音乐流派和演唱风格

乌干达音乐的分类可依据不同的历史根源（传统、现代或混合）、地理来源（本地或外国）、种类（人声、乐器或声乐搭配）、表演形式（合唱或独唱）、音乐结构和用途等。本书主要按地理来源、历史根源以及用途来探讨乌干达音乐。

当代乌干达音乐可分为传统音乐、现代音乐以及混合了传统和现代元素的音乐。传统音乐在乌干达流传甚广，它源自本土，一代又一代的人用他们的部族语言口头传唱，从而方便了传播，哪怕是没有受过正规教育的人也可以记下歌词。传统音乐多用于社会庆典、节日和仪式，不少现代艺术家对它们进行过重新演绎。

乌干达人在高速的现代化进程中保留了“源于人民、用于人民”的传统音乐。多数乌干达人生活的农村部族地区“仍喜爱、传授和表演传统音乐”。[4] 传统音乐有很多用途，可被用于葬礼、交流、工作、计时（如宣告教会仪式开始）、理
127 疗（如缓解悲伤）、规定社会行为（赞颂社会合意的行为，或鞭笞不好的行为）、教育（如传授性别角色）和娱乐等。传统音乐在乌干达社会中的角色取决于什么样的社会场合和背景。不同的场合有不同的音乐、舞蹈、乐器和乐队。例如，在布干达的传统摔跤比赛和葬礼上会响起“恩加拉比”鼓声（engalabi，一种单头的炮管型鼓）。

传统乌干达音乐有很多常见的特征：相似的舞蹈风格、步伐、歌曲和服装，以及统一采用五声音阶，通常为 1、2、3、

5、6这五个音。但不同部族的音乐在节奏等细节上仍有差异。例如，传统干达音乐用“恩丁吉迪”琴（endingidi，一种用弓演奏的鲁特琴）表现独特的共鸣和混响声，善用鼓乐，并有多种乐器配合演奏。[5] 传统乌干达音乐家的代表人物有已故的埃瓦里斯托·穆因达（Evaristo Muyinda）及其弟子和传人森图里奥·巴利科瓦（Centurio Balikoowa）。

晚近才出现的现代音乐满足了现代乌干达人的音乐品味。现代人的文化和生活方式反过来又为现代音乐提供了灵感。混合音乐则兼有传统和现代音乐的元素，例如面向当代听众的经艺术家重新演绎的传统歌曲。

乌干达人对不同地方的音乐都很喜爱。虽说家乡音乐占据着主流地位，但乌干达人也欣赏同根同源的周边国家音乐（肯尼亚、坦桑尼亚和刚果民主共和国）。欧美和加勒比音乐（爵士、雷鬼、流行、嘻哈和古典音乐）也受到年轻人和知识阶层的喜爱。这些外国音乐多通过商业途径传至乌干达。

不论传统或现代、本地或外国、人声或乐器、独唱或合唱、结构普通或特殊，乌干达的音乐表演通常都会伴有舞蹈和器乐演奏。

传统音乐流派

本书将传统乌干达音乐按不同用途做简单分类，但这种做法并不严格，不同类别的音乐之间仍有相通之处。传统乌干达
音乐因此可分为宫廷音乐、休闲音乐、劳动音乐、仪式音乐、 128
节庆音乐、葬礼音乐（挽歌）、音乐剧和颂歌。

宫廷音乐

自前殖民时代以来，宫廷音乐就一直为乌干达的酋长和国王所独享，用于纪念国王的生日、加冕、武功和死亡等大事，有时也仅仅是为了娱乐王室成员。[6] 布干达的卡巴卡尤其喜爱宫廷音乐，相关的表演在 1967 年米尔顿·奥博特总统废除王国之际暂停，直到 1993 年穆塞韦尼政府恢复了传统君主制后才得以重现，但已失去了昔日的辉煌。

鉴于布干达王国在各个时期都保持了一定的影响力，它的宫廷音乐也为人熟知，对其中的特殊表演形式、乐器和乐师都有详细的记载。布干达宫廷音乐因此成了传统乌干达宫廷音乐最好的样本。

用来演奏布干达宫廷音乐的常用乐器有鼓、号角、笛、木琴和竖琴。相比民间使用的乐器，卡巴卡宫廷的乐器体积更为庞大。普通的木琴（amadinda 或 entaala）有 12 个键，而卡巴卡拥有的大木琴（akadinda）则有 22 个键。宫廷鼓的体积也叹为观止，尤其是象征卡巴卡王权的战鼓。这些鼓还有不同的名字，它们的名字或拟人，或说明了用途。

布干达的宫廷乐师也有等级之分，鼓手、号手和笛手处于下层，地位不如竖琴师（Omulanga）。后者与卡巴卡有着特殊的亲密关系，享有为卡巴卡的妻子们演奏的特权。著名的干达宫廷乐师有艾伯特·塞姆皮克（Albert Sempeke，目前供职于乌干达国家剧院和文化中心）、路德维科·塞尔旺加（Ludoviko Serwanga）、布苏鲁瓦·卡塔姆布拉（Busulwa Katambula）、亚瑟·卡伊齐（Arthur Kayizzi）以及森图里奥·巴利科瓦（传统乌干达音乐大师）。[7]

王室的鼓由卡乌拉（Kawuula）和基莫莫迈拉（Kimomomera）的世袭酋长家族制作，鼓手也来自这两个家族；王室的号角（amakondeere）由拉长的葫芦制成，分为五个不同的音阶，号手（Ebisanja）来自卡巴卡的私人号手村庄（ekyalo ky'abakondeere），每年在宫廷侍奉4至6周；笛、鼓乐四重奏小组，也是卡巴卡宫廷音乐的标配。[8]

布干达宫廷音乐（也包括其他音乐）以独唱为主，歌手 129
轮流上台演唱或采取应答唱（responsive singing）的形式，并用手打出节拍。作为一种声调语言，干达语的声调和口音影响了应答唱的形式，歌词成了一首歌中最重要的元素，而领唱者也有很大的空间在不同声调上切换。

休闲音乐

在传统乌干达社会，音乐是休闲娱乐的主要途径之一，开始于结束了一天劳作之后的傍晚或夜间。只要不是严肃的社交场合，音乐基本上都有休闲娱乐和教化的功能，比如婚礼音乐。传统的啤酒派对也离不开音乐，音乐帮助人们放松和享受生活，听众常会伴着音乐节奏而自发跳起舞来。

劳动音乐

传统社会的乌干达人在集体劳动时会靠唱歌来协调动作、放松心情；音乐也是单调重复劳动的调剂，比如在农耕时；音乐还可以鼓舞劳动者，提醒他们劳动的价值。劳动歌曲随年龄、性别、职业和部族而异。例如，对游牧部族而言，放牛人在给牛群供水时，会发出特殊声调的歌声或口哨声。

仪式音乐

仪式音乐出现在特定的圣神仪式或融入仪式上。例如，在向祖先和神祇祈求祝福和指引时，特殊形式的音乐、舞蹈和乐器可以帮助人们获得想要的结果。对托罗人而言，对埃曼杜瓦（Emandwa）诸神的祭拜需要演奏特定的鼓和号（etimbo）。

融入仪式也需要特定的音乐，这些音乐不会出现在其他的场合。例如，基苏男孩的集体融入仪式上，就会有因巴鲁舞者表演鲁尼耶戈舞。而在另一些部族，如格维雷人，会用一种叫做“埃永加”（Eyonga）的仪式性舞蹈来欢迎双胞胎的诞生。

130 节庆音乐

婚礼、融入和加冕的传统仪式上会伴有节庆音乐。婚礼歌曲会按照常规恭喜新郎和新娘，并向新人提供婚姻成功的建议。融入仪式上的歌曲会恭喜新来的成员，并向他们传达新角色的权利和义务。加冕仪式上的歌曲则赞美君主、酋长和其他传统社会的领袖。

葬礼音乐（挽歌）

乌干达的葬礼常伴有葬礼音乐，用来歌颂逝者、祖先和神祇。这些挽歌多哀悼逝者的离去，恳求他/她一路走好（不要回来骚扰活着的人），并鼓励留在世上的人好好生活。虽然葬礼气氛肃穆，但有时也可以演奏节庆音乐，尤其是高龄逝者或重要人物的葬礼，例如格维雷人的名人和长者葬礼。

音乐剧

乌干达的社会仪式常伴有舞台剧表演。该国有常规的音乐剧制作和表演产业，建有不少室内和户外剧场。威利·姆卡比亚（Willy Mukaabya）于1988年创作了音乐剧《卡扬加》（Kayanga），直面了当代乌干达敏感的政治、部族和性别问题。

颂歌

颂歌被用来歌颂个性、成就等品质，对象可以是个人、家庭、部落、王室、地区、部族，甚至可以是某个物体。在当代乌干达，这种音乐形式常见于传统王国的宫廷，如布干达。

传统音乐和舞蹈在现代乌干达的前景

乌干达的现代化进程是威胁传统音乐生存的主要因素，因
为现代化摧毁了音乐赖以生存的风俗。即便如此，仍有不少人
正努力为后代保存下乌干达的传统音乐。在阿明统治的前期，
一个名叫“有限剧场”（Theatre Limited）的音乐团体走遍全 131
国，研究和演奏了传统乌干达音乐。他们的名气和目的遭到
阿明的怀疑，一些成员被逮捕，另一些逃亡到了瑞典等地。
与此同时，阿明欣赏并支持了非洲心跳舞蹈团的艺术家们，
他们的曲目也包含了传统乌干达歌舞。目前的穆塞韦尼政府
也支持了一个类此团体——恩德雷舞蹈团（the Ndere
Troupe）。恩德雷的名字来源于笛（endeere）。其他致力于保
护传统乌干达音乐的团体还有纳恩齐加小学（Nanziga）、安耐
特·纳恩杜贾和星球乐队（Annet Nandujia and the Planets）、
“爱干达人”乐队（Aboluganda Kwagalana）、“非洲打击乐探
讨”乐队（Percussion Discussion Afrika）、布索加骄傲文化团
（the Busoga Pride Cultural Group），以及法语联盟组织的“击
鼓”音乐会（Beat That Drum）。

安耐特·纳恩杜贾和星球乐队，以及纳恩齐加小学的儿童合唱团，都擅长表演传统布干达歌曲和舞蹈。纳恩杜贾发行过两张有名的专辑：歌颂布干达传统食物马托基（菜蕉）的

《埃托基》（Etooke）[①]，以及哀叹塑料袋对环境伤害的《今天的婚姻》（Obufumbo Bwa Leero）。

《我们托起布干达的荣光》（Tuzzewo Ekitibwa Kya Buganda）也许是纳恩齐加儿童合唱团最有名的歌曲。孩子们穿着传统的树皮布，跳着编排优美的舞蹈，在现代乐器的伴奏下响起动听的歌声，演绎了一首让人难忘的歌曲。这首歌让人回想起布干达王国在前殖民时代的荣耀、权力与武功，也哀叹了殖民时代以来王国的衰落和祖先土地的流失。今天的乌干达将首都建在布干达的祖先土地和权力中心之上。尽管布干达王国的传统都城门戈山也位列“坎帕拉七山”，坎帕拉也是一座被干达人包围的城市，但在理论上这座城市并不属于布干达。因此，这首歌呼吁布干达应建设一座新的都城，不惜代价阻止外来的侵蚀。可以想见，中央政府并不欢迎这首歌，将其视为布干达分离分子的口号。[9]

“爱干达人”乐队和恩德雷舞蹈团擅长演奏乌干达各地的文化音乐。“爱干达人”乐队的指挥是艾伯特·塞姆皮克，他是一名干达音乐专家，也是乌干达国家剧院和文化中心的教员。他从1945年起就演奏传统乌干达音乐，曾是布干达的宫廷乐师。“爱干达人”乐队不仅在公开场合（如会议）表演传统民间音乐和舞蹈，还为商业音乐产品谱写传统风格的歌曲。

恩德雷舞蹈团成立于1986年，旨在推广和重燃乌干达人对传统文化的自豪感。舞蹈团的名字源于乌干达的传统乐器
132 笛，因为这是一种普世的乐器，不仅在乌干达有笛，全世界都

---

① Matooke的另一种拼法。——译者注

有。恩德雷舞蹈团的曲目有超过40种传统舞蹈和歌曲，均以传统乐器伴奏，如木琴和恩丁吉迪琴。他们演出的舞蹈有基加人的“基齐诺”舞（Kizino）、阿乔利人的“叮叮”舞（Ding Ding），以及布干达宫廷舞蹈“巴基辛巴”（Baakisimba）。舞蹈团共发行过4张音乐唱片，目前的团长是史蒂芬·鲁瓦吉彦齐（Stephen Rwangyenzi）。

在音乐之外，恩德雷舞蹈团还积极投身于“舞台剧促发展”运动（development theater），该运动旨在通过文化平台宣传现代发展理念，如艾滋病防治。恩德雷舞蹈团的舞台剧作品有1988年的《悲伤》（Munaku）、1991年的《饭店》（Ekirabo）和1993年的《时间炸弹》（Time Bomb）。舞蹈团的成功故事也引起了乌干达政府的注意，在政府的资助下，他们得以前往比利时、荷兰、德国、奥地利、加拿大和肯尼亚等国演出。[10]

“非洲打击乐探讨”乐队的音乐以纯音乐为主，主要采用鼓等打击乐器。

布索加骄傲文化团的主要宗旨在于保护索加人的音乐。在布温格·纳隆戈·利库德（Nalongo Likudhe of Buwenge）的带领下，这个团体试图以舞蹈形式来推广索加人的民间歌曲，他们的舞蹈有“伊隆戈”舞（Irongo）、“纳卢弗卡”舞（Nalufuka）、“塔门哈”舞（Tamenha）和“阿玛耶贝”舞（Amayebe）。和其他传统音乐团体不同的是，这个团体缺乏足够的资金支持来录制歌曲和舞蹈，因为城市里的商业音乐制作人和录音工作室不看好他们，认为在快速现代化的乌干达推广传统音乐是一件毫无价值的事。缺乏商业吸引力，也许是乌干达传统音乐存续的最大挑战。

法语联盟组织的“击鼓”音乐会是乌干达鼓乐文化的盛会。这项免费的活动吸引了来自该国各文化区的团体。最近一次于 2005 年 11 月在乌干达国家剧院和文化中心举行。[11]

现代音乐流派

乌干达的现代音乐有不同的历史根源、地理来源、结构、曲目和用途。独唱、合唱、人声、器乐等表现形式在乌干达乐坛各领风骚。对乌干达音乐影响最深远的外来因素来自刚果、肯尼亚、坦桑尼亚、美国、欧洲和加勒比。

乌干达乐坛的现代化始于殖民时代。欧洲人将现代录音、声乐设备，以及现代编曲技巧和风格带到了乌干达。现代交通和通讯手段的到来，也将其他地方的音乐展现在乌干达人面前，进一步促进了该国乐坛的现代化。

基督教传教士最早将欧式编曲技巧和乐器介绍给乌干达人。始于教会的乌干达音乐现代化，又因为传教士们涉足殖民时代早期的教育领域而得以进一步发展。截至 20 世纪 50 年代，乌干达已涌现出一批欧式音乐人，如姆巴基—卡塔纳(Mbaki-Katana)、基亚甘比杜瓦（Kyagambiddwa)、本尼迪克托·穆邦吉齐（Benedicto Mubangizi）和阿合麦德·奥杜卡(Ahmed Oduka)。姆巴基—卡塔纳创作了本地版的《感恩赞》(Te Deum)，以庆祝 1953 年伊丽莎白女王的加冕。穆邦吉齐创作了一首流行的乌干达天主教圣歌，而奥杜卡则是乌干达警察乐队的指挥，曾受训于伦敦的皇家军事音乐学校，回国后为警察乐队编写了大量曲目。这批早年的音乐人，尤其是基亚甘比杜瓦、穆邦吉齐和奥杜卡，将乌干达的舞蹈和乐器融入了欧洲音乐。当代的乌干达音乐人继承了这种编曲风格，以现代方式改造传统歌曲，并用电子吉他、贝斯吉他等新的乐器演奏。

乌干达最早的流行乐队来自刚果，后来出现的本地乐队也多演奏刚果、肯尼亚和欧美音乐。主导市场的刚果音乐人普及了林加拉语歌曲和伦巴舞，至今仍深刻影响着乌干达音乐。刚果音乐大师塔布·雷（Tabu Ley）和弗朗哥（Franco）等人，也鼓舞了一代代包括乌干达在内的东非音乐人。

20 世纪 60 年代乌干达的主流歌手和乐队有查尔斯·索格洛（Charles Soglo）、弗雷德·宋科（Fred Sonko）、比利·姆博瓦（Bily Mbowa）、卡瓦利瓦乐队（Kawaliwa）、摩西·卡塔扎（Moses Katazza）、艾利·瓦玛拉（Eli Wamala）、弗雷德·马萨加齐（Fred Masagazi）、弗雷迪·基戈齐（Freddie Kigozi）、“成功的梅洛”乐队（Orchestre Melo Success）、“坎帕拉六人”乐队（the Kampala Six）以及“赤道之声”乐队（Equator Sound）。[12] 多数歌曲的录音都在肯尼亚的内罗毕完成，因为那里自殖民时代起就控制了东非的音乐录音产业。

到了 20 世纪 70 年代，随着阿明攫取了权力，乌干达的音乐产业一落千丈。尽管阿明也喜欢音乐，但他的统治却让音乐人的生活举步维艰。他们无法忍受宵禁、混乱、经济不稳定和随时被拘禁的恐惧，许多人选择了逃亡。只有少数知名音乐人才得以在混乱的阿明时期继续演出，如彼得森·图苏比拉·穆特比（Peterson Tusubira Mutebi）和他的“乖人”乐队（Tames）。穆特比能用多种语言演唱，包括斯瓦希里语、干达语和托罗语，创作过不少热门歌曲，如《更多的爱》 134

(Nyongera Ku Love)。他的职业生涯一直延续到了20世纪90年代。

到了后阿明时代，已故的菲力·本戈莱·卢塔亚在流亡瑞典途中发行了乌干达最早的一张流行音乐专辑——《生于非洲》(Born in Africa)，收录了不少知名音乐人的歌曲，如贝斯手萨米·卡苏勒（Sammy Kasule）和鼓手杰拉德·恩纳迪邦加(Gerald Nnaddibanga)。卢塔亚的另一张专辑《独自》（Alone）参与了乌干达的抗艾滋宣传，可他本人却于1989年感染了艾滋病。他在2004年的非洲明珠音乐盛典上被授予了终身成就奖。

旅居瑞典的乌干达音乐人还组成了一个名叫“五霸”(Big Five）的超级乐队，他们的作品在20世纪90年代十分流行。在同一时期，乔弗雷·奥瑞耶玛（Geoffrey Oryema）开始展露头角，发行了数张大获成功的专辑。他的父母、祖父和叔叔们都是音乐人和说书人，他从小就开始练习非洲竖琴(nanga)、吉他、拇指琴和笛等乐器。他的作品多取材于祖先留下的丰富故事，也会反映阿明时期乌干达的社会政治动荡和本人痛苦的流亡生涯。他可以用阿乔利语、斯瓦希里语和英语写歌，著名的作品有《流亡》(Exile)、《打击边境》(Beat the Border)、《神灵》(Spirit)、《从黑夜到黑夜》(Night to Night)和《马康波》(Makambo)。他的歌迷遍布东非。

21世纪的乌干达乐坛百花齐放，涌现出一大片音乐人、乐队和音乐流派，以及广播和电视上的音乐推广频道。不少人由此成名，如“变色龙”约瑟、谢拉·恩瓦农吉和“酷婴”。近来乐坛的另一件大事是非洲明珠音乐盛典（PAM）的启动，以表彰和庆祝乌干达音乐人取得的成就。

坎帕拉成为乌干达的现代音乐产业中心有两个原因：一、这个城市已成长为乌干达的工业、教育、政治、社会和商业中心；二、城市地处公路、铁路交汇的战略位置，连接了肯尼亚、民主刚果、卢旺达和坦桑尼亚。极佳的地理位置不仅吸引了人口涌向城市，也汇聚了不同地方的音乐人，而后者正是推动了音乐现代化的主力。此外，大量的城市人口也为新的音乐流派的流行提供了市场。

自殖民时代起，外国音乐和本地现代音乐就占领了坎帕拉的广播频道、夜店和酒吧。1953 年无线电广播正式在坎帕拉和全国启动以来，来自加勒比、拉美、北美和欧洲的音乐尤其受到欢迎。而强势的刚果林加拉音乐自 90 年代起又对乌干达 135
本地音乐造成了冲击。

乌干达现代音乐流派林立，本书将介绍部分源自本地和外国的音乐，包括基督教音乐、新古典乐、爵士乐、非洲打击乐、嘻哈音乐、文化流行乐、干达吉他乐（Kadongo-kamu）、坦肯乌音乐（Takeu）、雷鬼乐、节奏布鲁斯和爱国音乐等。

基督教音乐

基督教音乐在 19 世纪后半叶跟随基督教的脚步传播至了乌干达全境。基督教是今天乌干达最大的宗教，基督教音乐因此也成了流传最广的音乐流派之一。

基督教音乐在今天乌干达社会的重新崛起，可归功于舞蹈歌曲的发明，如《我们是耶稣的工具》（Koona endoongo）。这些歌曲用嘻哈、蓝调、打击乐甚至拉丁舞的形式来传递基督教的教义，对年轻人尤其有吸引力。乌干达的基督教音乐市场竞争激烈，有不少知名的艺术家和团队，包括马卡巴伊酋长

(Chief Makabai)、朱丽叶特·穆吉瑞亚、哈丽特·马格齐(Harriet Magezi)、“迎向天国”乐队(Heaven Bound)、“张望的斯鲁克”(Slooky Slook)、凯斯牧师乐队(Keith Ministries)、“基督的人”乐队(Men in Christ)、“首要的爱”乐队(First Love)、阿尔法一号工作室(Alpha One Crew)、“这一代男孩”乐队(Generation Boys)、“有色人”乐队(the Wogs)、圣 CA (Saint CA)、达乌迪(Daudy)、格特鲁德·恩加玛(Gertrude Ngama)以及詹姆斯·伍德(James Wood)。其中最与众不同的是格特鲁德·恩加玛，她没有跟风演唱现代化了的基督教音乐，而坚持传统福音音乐。[13]在 2004 年的非洲明珠音乐盛典上，马卡巴伊酋长和朱丽叶特·穆吉瑞亚分别斩获“最佳福音单曲”和“最佳福音表演艺人(乐队)”两个奖项。

帮助传播基督教音乐的，还有电吉他、电子琴和架子鼓等现代乐器的引入，以及基督教电台的建立。现代乐器为当代礼拜音乐注入了高能效果。而媒体自由化的时代涌现了不少传播基督教音乐的电台，如“能量 FM”(Power)、乌干达圣母玛利亚电台、“影响 FM”以及“赞美之塔”电台(TOP - Tower of Praise)等。对乌干达的基督教音乐迷来说，他们还可以接触到别国、尤其是美国的基督教音乐。

若要对乌干达的基督教乐坛做完整介绍，就不得不提这个国家的大众合唱团，尤其是“坎桑加奇迹中心”大众合唱团(the Kansanga Miracle Centre Mass Choir)、“全体圣人 11 点钟”合唱团(the All Saints 11 O'clock Choir)以及坎帕拉五旬节派教堂瓦托托儿童合唱团(the Kampala Penteconstal Church's

Watoto Children's Choir)[①]。这三个大众合唱团都已融合了非洲和西方元素的音乐著称，从而创造了极具渲染力的礼拜和赞美乐。尽管这三个大众合唱团都有各自的有趣历史，本书将重点介绍下瓦托托儿童合唱团。位于坎帕拉的五旬节派教堂从其收养的艾滋或战争孤儿中挑选合唱团成员。这些孤儿是几百万生
活遭遇不幸的乌干达儿童中的幸运儿，他们都因艾滋病或战争 136
而失去了亲人。自 1994 年以来，该合唱团就定期在世界范围内巡演，其表演将非洲本土韵律、当代福音音乐和部族舞蹈完美结合，十分吸引观众。演出通常始于一阵突然的非洲鼓声，孩子们在鼓声中挨个上台，身上穿着鲜艳的乌干达服装，脸上带着灿烂的笑容。孩子们会在演出过程中讲述自己的悲惨经历和新的生活希望，这个环节每次都深深打动观众。合唱团迄今已发行过多张流行唱片和视频节目，如《我们是儿童》（We Are the Children）、《事情已变得更好》（Things Already Better）、《在主的殿堂起舞》（Dancing in the House of the Lord）、《生活在洛杉矶》（Live in Los Angeles）和《永远闪耀》（Ana Meremeta）。[14]

新古典乐 137

自从殖民时代的传教士将新古典乐引入乌干达，乌干达人就一直热衷于创作这种音乐。乌干达的新古典乐作品融合了欧洲和本地元素，同时反映了作曲家们的乌干达底蕴和欧美训练背景。早期乌干达的新古典作曲家多由传教士训练，他们的作品因此更偏重教会的圣歌。当代的作曲家继承了这一传统，却

① Watoto 即“儿童”之意。——译者注

融入了明显的带有非洲特色的旋律、和声和复合节奏。

当代乌干达新古典作曲家的代表人物之一是贾斯蒂尼安·塔穆苏扎（Justinian Tamusuza）。他的首个弦乐四重奏乐章《通往十字架之路》（Mu Kkubo Ery'Omusaalaba），被收录于克罗诺斯四重奏乐团（the Kronos Quartet）的专辑《非洲的作品》（Pieces of Africa）。这张专辑登上了1992年的古典和世界音乐排行榜第一位，引起了全世界对塔穆苏扎作品的关注。《通往十字架之路》模拟了传统乌干达乐器“恩丁吉迪”琴和木琴的音色，重现了某些干达人的音乐元素。[15]塔穆苏扎的其他作品还包括1994年为木管五重奏乐队（Woodwind Quintet）谱写的《那时死去的人们》（Abaafa Luli），以长笛、双簧管、单簧管、号和巴松管演奏；1995年的《非洲笛子节》（Ekivvulu Ky'Endere）以笛、中提琴、竖琴、马林巴琴和沙铃演奏；以及1996年的《我的孩子纳—卡—卢瓦》（Abaana Bange Na-Ka-Lwa），以Bb调高音萨克斯风、电吉他和马林巴琴演奏。[16]另一位著名的乌干达新古典作曲家是所罗门·姆巴基—卡塔纳，他的作品《感恩赞》被用于庆祝1953年伊丽莎白女王的加冕。

爵士乐

爵士乐在乌干达十分流行，尤其在城市地区。虽然爵士乐是一种甜美而缓慢的音乐，但乌干达人所谓的爵士乐，还包括了高能的舞蹈音乐。目前，在坎帕拉等地的社交场所常驻着不少爵士乐队，如千禧乐队（Millennium Band）、非洲前进乐队（Afrigo Band）、雄狮之声乐队（Simba Sounds）和坎帕拉业余戏剧协会乐队（KADS Band）等。

非洲打击乐

非洲打击乐融合了非洲民间音乐、流行音乐、轮唱和应答唱等多种音乐元素。常用的现代乐器有吉他和电子琴，并伴有非洲鼓等传统乐器。[17]“东方世界”（East World）是乌干达的 138
知名非洲打击乐团之一，他们的作品《父亲》（Fodda）荣膺了 2004 年非洲明珠音乐盛典“最佳非洲打击乐单曲”。[18]

嘻哈音乐

由贫困的非裔美国人开创的嘻哈（饶舌）音乐在乌干达也十分流行，尤其是在年轻人之间。这种流派的音乐最早由卫星电视转播和无线电广播传入乌干达，很快就被乌干达的艺术家吸收和发扬光大。乌干达的知名嘻哈歌手和他们的代表作有埃图齐（A 2 Zee）的《我可以吗》（Can I）、嘻哈全明星（Hip-hop Allstars）的《非洲母亲》（Mother Africa），以及朱莉安娜·卡尼奥莫齐主唱、“净切割”乐队（Klear Kut）的《我想知道的一切》（All I Wanna Know）。

乌干达嘻哈音乐的另一个明显发展趋势是，有越来越多的艺术家用本地语言来表演世俗饶舌音乐和福音饶舌音乐，如干达语和斯瓦希里语。干达语的饶舌艺术家和他们的代表作有疯狂原住民（Krayzie Native）的《我们做给你看》（Tujababya）、地下巴塔卡（Bataka Underground）的《这个地区》（Eno Yensi）、蓝空乐队（Racomstarz）① 的《票据》（Ebaluwa）以

① Racomstarz 是“非洲之根，未来明星”的缩写（Roots of Africa coming starz）。——译者注

及“德·皮皮埃”乐队（De PPI）① 的《婚礼之夜》（Ekiro Mbaga）。斯瓦希里语的饶舌艺术家和他们的代表作有毛瑞斯·基瑞亚（Maurice Kirya）的《人类》（Binadamu），以及“烂脸男孩”（Krukid）主唱的《谎言》（Vako）。福音饶舌艺术家和他们的代表作有“这一代男孩”的《我没有》（Sirina）、阿尔法一号工作室的《亲爱的上帝》（Dear God），以及圣CA主唱、纯净心灵乐队（Pure Souls）的《耶稣为王》（Yesu Tawala）。就目前而言，着迷乐队（Group-Obsessions）是乌干达最棒的嘻哈乐队之一，他们的作品《点头》（Nod Yo Head）荣膺了2004年非洲明珠音乐盛典“最佳嘻哈音乐单曲”。[19]

文化流行乐

文化流行乐源自传统的民间音乐。和传统音乐不同的是，文化流行乐通常由职业音乐人演奏，并通过广播电台、音乐工作室和唱片店等商业渠道传播。在某种程度上，许多现代乌干达音乐人都是文化流行乐手，因为他们免不了自身文化背景的影响，也致力于在现代社会重新包装民间音乐和舞蹈。他们通常会用现代乐器和风格来演绎民间音乐，或在当代音乐表演中融入传统舞蹈元素。“怎么样”乐队（Howz It）是乌干达最好的文化流行乐队之一，他们凭作品《尼罗打击乐》（Nile Beat）斩获了2004年非洲明珠音乐盛典“最佳民间流行艺人（乐队）”。

---

① De PPI是“正在里面表演的家伙们”的缩写（The Pals Performing Inside）。——译者注

干达吉他乐 139

干达吉他乐是乌干达人最喜爱的音乐流派之一。这种音乐的主要特点是叙事性歌曲伴以偶尔响起的象征性鼓声。它发源于坎帕拉的旺德盖亚区（Wandegeya）。干达吉他乐兴起于坎帕拉的原因有三：第一，欧洲殖民主义带来了新的（欧洲的）宗教、音乐、文化和乐器，如吉他、钢琴、架子鼓和铜管乐器，从而奠定了乌干达音乐现代的基础；第二，坎帕拉的都市发展吸引了全乌干达乃至国外的人口、音乐和音乐人；第三，干达吉他乐曾在20世纪40、50年代被用来传播布干达民族主义。尽管布干达民族主义分子十分想要恢复布干达的君主制，但布干达领土内的国际大都市坎帕拉却将干达吉他乐变为一种混合音乐，将城市里的丰富文化元素融入到了干达音乐中。

因此，尽管干达吉他乐源自传统干达音乐，但也有新的元素在其中。例如，现代吉他可以模仿传统干达李尔琴（ndongo）的声音，贝斯则可以模仿“巴基辛巴”鼓声。作为表演重点的歌词仍带有传统音乐的特征，而提到敏感或不雅话题时也会使用隐喻。[20]

这种音乐的代表歌曲是费斯塔克吉他乐队（Festak Guitar）歌手威利·姆卡比亚创作的《卡扬加》。这首歌被认为暗指了现任总统穆塞韦尼的崛起之路，同时也直面了乌干达的性别、部族和政治矛盾。乌干达的不少广播电台因害怕政府处罚而拒绝播送这首歌。[21]

在众多干达吉他乐表演者中，最有名的要数伯纳德·卡班达（Bernar Kabanda）。而在2004年非洲明珠音乐盛典上，保罗·卡费罗被授予“最佳干达吉他乐艺人”，其作品《游泳池》（Swmming Pool）则荣膺“最佳干达吉他乐单曲”。

坦肯乌音乐

坦肯乌音乐是一种新兴的地区流行音乐，名字取自坦桑尼亚、肯尼亚和乌干达三个词的首音节。代表艺术家有“变色龙”约瑟、雷鬼迪（Ragga Dee）、瑞秋·马戈拉（Rachel Magoola）和波比·怀恩（Bobi Wine）。其中“变色龙”约瑟是乌干达最成功的音乐人，连续四年排名第一。他的作品《贾米拉》（Jamila）荣膺 2004 年非洲明珠音乐盛典“年度最佳单曲”。[22]

140 雷鬼乐

自 20 世纪 50 年代乌干达首开无线电广播以来，加勒比音乐就一直影响着乌干达乐坛。雷鬼乐的流行始于 70、80 年代，“金发阿尔法”（Alpha Blondy）和“幸运杜比”（Lucky Dube）成了风靡全非洲的雷鬼巨星。今天的乌干达有许多雷鬼音乐人和乐队，包括“原子”（Atomico）、“酷婴”、“鲍勃国王”（Bob King）、波比·怀恩、丹尼尔·穆提亚巴（Daniel Mutyaba）、“救火员”（Fireman）、可可·班顿（Coco Banton）、“疯虎”（Mad Tiger）、“巨迪”（Mega Dee）、蒙顿·萨莫（Menton Summer）、“他者”乐队（Others）、皮特·迈尔斯（Peter Miles）、雷鬼迪、红班顿（Red Banton）、塞巴曼巴（Seba Mamba）、苏纳（Ssuuna）、“荆棘面包”（Thornbread）、蒂尔曼珊（Tilmenshan）、“工具人”（Toolman）、温斯顿·马扬加（Winston Mayanja）和“天气人”（Weatherman）等。雷鬼迪和“酷婴”并列 2004 年非洲明珠音乐盛典“最佳雷鬼艺人（乐团）”。

节奏布鲁斯

节奏布鲁斯是非裔美国人音乐影响乌干达的另一个例证，它到来的时间甚至早于嘻哈音乐。乌干达最好的节奏布鲁斯音乐人是多萝西·布基鲁瓦和朱莉安娜·卡尼奥莫齐，她们在2004年非洲明珠音乐盛典上分别获得“最佳节奏布鲁斯单曲”和“最佳节奏布鲁斯艺人”两个奖项。乌干达的其他节奏布鲁斯音乐人还有贝娅特丽克丝（Beatrix）、贝农（Benon）、“灌木婴孩”（Bush Baby）、“布提骑士”（Buti Knight）、达乌迪（Daudy）、埃冯（Evon）、哈斯特拉（Hastla）、伊萨克·爵辛（Isaac Jazzin）、爵基（Jaqee）、毛瑞斯·基瑞亚、迈克尔·罗斯（Michael Ross）、尼基·诺拉（Niky Nola）、丘特（Qute）、萨米—凯（Sami-K）和史蒂夫·让（Steve Jean）。

当代乌干达音乐

“当代音乐”的外延很广，事实上也包括了上文介绍过的多种音乐流派。当代音乐既有世俗歌曲，也有圣歌。圣歌常见于各种宗教团体，而作为大众娱乐的世俗歌曲则流行于夜店。

当代音乐的市场竞争很激烈，涌现了为数众多的音乐人，如“美人”（Bella）、黑人叔叔里奇（Blackman Uncle Rich）、查恩斯·纳卢贝加（Chance Nalubega）、“文化人”（Culture Man）、居鲁士（Cyrus）、戴蒙德·奥斯卡（Diamond Oscar）、埃尼·卡永多（Enny Kayondo）、伊森斯·卡索齐（Essence Kasozi）、弗雷德·亨特（Fred Hunter）、哈利马（Halima）、哈斯特拉、“纳德国王”（King Nad）、詹金斯·穆卡萨（Jenkins Mukasa）、朱莉安娜·卡尼奥莫齐、卡波戈扎

（Kabogoza）、卡韦萨（Kaweesa）、肯·旺德尔（Ken Wonder）、“费萨尔国王”（King Faisal）、莱米·酷儿（Lemmy Cool）、爱人迪（Lover Dee）、雷克恩（Lake N）、路德蒂（Luther T）、玛丽安·恩达吉莱（Mariam Ndagire）、哈希先生（Mr. Hush）、纳穆·卢旺加（Namu Lwanga）、奥穆瓦纳·伊萨克（Omuana Isaacs）、奥法（Opha）、菲力·卢塔亚、普罗西·坎昆达（Prossy Kankunda）、普夫曼 MC（Puffman MC）、瑞秋·马戈拉、罗纳德·马因加（Ronald Mayinja）、罗伊·卡帕莱（Roy Kapale）、莎拉·扎韦德（Sara Zawedde）、莎拉·恩达吉莱（Sarah Ndagire）、“小斧子”（Small Axe）、萨利·海珊（Ssali Hytham）、“小甜心“（Sweet Kid）、西尔维娅（Sylvia）、坦普拉（Tempra）、托尼·森科贝杰（Tony Senkebejje）、翠希拉（Trishlaa）、天气人、温妮·穆尼彦加、沃波约（Voboyo）和齐吉迪（Ziggy D.）等。就目前而言，
141 “公主”谢拉·恩瓦农吉和迈萨赫·塞玛库拉是最出色的当代音乐表演者，他们在 2004 年非洲明珠音乐盛典上分别斩获了“年度最佳女艺人”和“年度最佳男艺人”称号。[23]

外国音乐

在充裕的国内音乐供应之外，乌干达人也享受着其他国家的音乐，尤其是加勒比、美国、肯尼亚、民主刚果和坦桑尼亚的音乐。来自肯尼亚和坦桑尼亚沿海地区、充满了斯瓦希里和阿拉伯风情的“塔拉布”音乐（Taarab）在乌干达的穆斯林中十分流行。

爱国音乐

乌干达爱国音乐包括传统王国（如布干达）的国歌，以

及乌干达共和国的国歌。乌干达共和国于1962年开始采用现行的国歌，作者乔治·威尔伯弗斯·卡科玛（George Wilberforce Kakoma），有英语和干达语两个版本，歌词如下：

噢！乌干达，愿上帝支持你
我们将未来托付于你手中
团结、自主，为了自由
我们永远站在一起
Ggwe Uganda！Dolunda Akunyweze
Naawe otukulembere?
Tusse ekimunga tulimu?
Kisinde ky'emirembe

噢！乌干达，自由的国度
我们献上爱与劳作
连邻居都响应我国的号召
我们将生活于和平和友谊
Ggwe Uganda！Ensi eye'eddembe
Wamma ka tukuweereze?
Nga（twa）galena nnyo ne bannaffe
Baliranwa bo bonna

噢！乌干达，哺育我们的土地
阳光灿烂、土壤肥沃
我们将永远站于自己的宝贵土地

非洲王冠的明珠
Ggwe Uganda atweyagaza
Lw'obugimu n'akasana?
Ffe abaana bo tunaataasanga
Ensi ebbona ly'Afrika

142 布干达王国国歌《布干达的荣光》(Ekitibwa kya Buganda),作者是来自恩特部落(Nte)的波利卡普·卡科扎神父(Reverend Polycarp Kakooza)。本书英语翻译由伊曼纽尔·图韦西吉耶(Emmanuel Twesigye)提供。

跨越一个又一个时代
布干达王国
一直闻名
于这个世界
Okuva edda n'edda eryo lyonna
Lino eggwanga Buganda?
Nti lyamanyibwa nnyo eggwanga lyaffe?
Okwetoloola ensi yonna

合唱
我们真的欣喜!
我们真的欣喜!
在我们的布干达!
布干达的荣光多么古老!

我们都是它的继承者！
Twesiimye nnyo!?
Twesiimye nnyo!?
Olwa Buganda yaffe!?
Ekitiibwa kya Buganda kyava dda!
Naffe tukikuumenga!

我们伟大的祖先
屡建战功
他们是爱国者
我们奉为榜样
Abazira ennyo abatusooka
Baalwana nnyo mu ntalo?
Ne balyagala nnyo eggwanga lyaffe
Naffe tulyagalenga

我们团结在今天
推动布干达前行
牢记我们的祖先
为我们的国家而献身
Ffe abaana ba leero ka tulwane
Okukuza Buganda?
Nga tujjukira nnyo bajjajja baffe
Baafirira ensi yaffe

我们唱响伟大的赞歌
致以我们伟大的国王
愿他统治我们所有
我们信任他
Nze naayimba ntya ne sitenda
Ssaabasajja Kabaka?
Asaanira afuge Obuganda bwonna
Naffe nga tumwesiga

噢！上帝，仁慈的上帝
做我们神圣的国王
多多祝福我们
保护我们的国家
Katonda omulungi ow’ekisa
Otubeere Mukama
Otubundugguleko emikisa gyo era
Bbaffe omukuumenga

出于对卡巴卡和布干达王国的尊重，只有当卡巴卡在场时才会演奏整首国歌。在一般情况下，只演唱第一节、第四节和合唱部分。[24]

143 主流歌曲作者

乌干达培养过不少主流歌曲作者。最有名的莫过于阿乔利人奥考特·普比特克，他曾创作过许多歌曲（如《拉维诺之歌》和《奥乔之歌》)、民间故事和讽刺诗。剩下的还包括贾斯蒂尼安·塔穆苏扎,代表作为弦乐四重奏《通往十字架之路》;已故的埃瓦里斯托·穆因达,他是一名伟大的音乐表演艺术家,也是传统乌干达音乐的传承者,他的传人是森图里奥·巴利科瓦。上文提及的许多当代音乐艺术家也有各自的代表作,这里就不一一列举了。

音乐典礼

乌干达音乐人和表演艺术家频频现身于国内外的音乐典礼,如国际戏剧学院奖(ITI)、非洲明珠音乐盛典以及覆盖全非洲的“科拉”奖(Kora Awards)。乌干达音乐主宰了国内的非洲明珠音乐盛典,也曾获得过国际戏剧学院奖和“科拉”奖。例如,迈萨赫·塞玛库拉获得过2004年国际戏剧学院奖典礼“最佳非洲当代歌曲”,而福音艺术家乔治·奥库迪(George Okudi)则在2003年“科拉”奖典礼上荣膺“东非福音音乐最佳男艺人”。这些音乐奖项都模仿了美国的格莱美奖(the Grammy Awards)。

乐　器

乌干达的乐器主要用于伴唱,在传统社会很难见到纯乐器演奏的表演。不同部族使用的乐器都很相似,但它们在特征、用途、音调、质量、音色和社会价值上还有一定程度的区别。某些乐器(如鼓)可见于所有的部落,是这些部落源自共同祖先和历史的最好证明。

按照国际流行的方式，乌干达的乐器可分为四类：鼓、除鼓外的打击乐器、管乐器和弦乐器。以下将对这些乐器作简要介绍。

144 鼓

鼓是乌干达的乐器之王（卡拉莫琼人和赛贝人除外），可见于几乎所有重要的社会、宗教和政治场合，如发动战争、加冕、葬礼、婚姻、婴儿降生和命名礼等。[25]在布干达，还有一类特殊的鼓——战鼓，它们是卡巴卡王权的重要组成部分。

传统的乌干达鼓都用皮带等绳状材料将动物毛皮包在空心的木架上，但不同种类的鼓在声音、尺寸、形状和用途上差异巨大。声音取决于动物毛皮的厚度、空心木架的大小以及击打的方式。薄一些的鼓用手击打，厚一些的则用鼓棒击打。有的两头都包了皮，有的则只有一头。轻一些的表演时可以挂在脖子上，或夹在腋下；重一些的通常放在地上。面对现代架子鼓和制鼓技术的竞争，传统手艺制作的乌干达鼓仍主宰着乌干达乐坛，因为它们更适合乌干达文化、成本低、耐用、易于获取和保养。

乌干达鼓有许多传统用途，可用于通讯、加冕等王室仪式、祭祀、治疗、驱魔、迎接双胞胎的诞生和舞蹈等。鼓在整个非洲大陆都是传统的通讯工具，它可以传递具体的消息、聚会的地点，也可以回应收到的消息。因此，战场上的鼓声、预警时的鼓声以及用来召集人群的鼓声是各不相同的。但随着时间的推移，鼓声已慢慢失去了它的通讯功能，因为今天的多数乌干达人已无法辨识鼓声的具体含义。

王室的鼓是传统乌干达君主制的重要部分（布干达、安科莱、布尼奥罗和托罗王国都有这样的鼓）；这些鼓被用来宣布王室婴儿的诞生、国王加冕以及王室成员死亡等重大事件。作为王权最重要的象征之一，它们被赋予了特殊的名字，如布干达的战鼓（Majaguzo）；它们有专门的世袭工匠制作和保养，由来自特定部落的宫廷乐师用特制的鼓棒演奏（布干达用人骨鼓棒）；它们还装饰有华丽的珠串和贝壳；在老卡巴卡死后，这些鼓会被新卡巴卡继承。

在歌舞的配合下，还有一些鼓被用于祭祀祖先和神祇、治
疗和驱魔，它们被认为具有神性，因此不能用在其他场合。索 145
加人有“恩斯韦齐”（Enswezi）和“阿玛耶贝”（Amayebe）鼓，兰戈人有“布尔·乔克”（Bul jok）鼓，而干达人则有“卢巴莱”（Lubale）鼓，与鼓相伴的舞蹈也借用了鼓的名字。在多数情况下，用鼓来治疗和驱魔的要领，是治疗者和病人能同时随着鼓声的节奏起舞。不少乌干达部族至今仍在使用这种治疗手段，或是由于这个区域缺少现代医院，或是由于当地人没有别的方法治疗某些传统疾病。

干达、索加和泰索等部族有隆重庆祝双胞胎诞生的风俗，常伴有欢呼声和鼓声。用于这种场合的鼓呈长圆柱形，干达人称其为“恩加拉比”（engalabi），索加人称其为“恩加贝”（engaabe），泰索人称其为“埃米迪里”（emiidiri）。不同的部族在这个场合还会跳起各具特色的舞蹈，但在今天已越来越少见。

乌干达的多数舞蹈都靠鼓声来引导。因此，不同的舞蹈对 146
应了不同种类的鼓乐，如干达人有“阿玛贡朱”（Amagunju）

舞，而索加人有“塔门哈·伊布加”（Tamenha Ibuga）舞。

除鼓外的打击乐器

除鼓外的打击乐器包括木琴、沙铃和沙葫芦（ensaasi）等。干达人的拇指琴（lukeme 或 okeme）也属于此类。这些乐器的制作材料不尽相同，有些甚至是一次性的。

管乐器

演奏者通过用力吹气或轻轻振唇来演奏管乐器，不同乐器所需力度不同。单孔长牛角号主要用于通讯，如泰索的“阿鲁佩佩”号（arupepe）。而包了牛皮的长木号，作为王室乐器用于国王或酋长的加冕、婚姻、生日和死亡等重大场合，在布干达、布尼奥罗和托罗王国被称为“阿玛孔德雷”号（amakondere），在尼罗河西岸地区被称为“阿格瓦拉”号（agwara），在布索加则被称为“阿玛格瓦拉”号（amagwalla）。“阿鲁佩佩”号是单人独奏，而王室的号则是多人演奏，有时也伴以鼓乐。

振唇演奏的乐器以小型动物（如山羊）的角制成的笛最为常见。安科莱人和基格齐地区的人（Kigezi）[①] 称其为“奥穆卡里”笛（omukari），干达人称其为“恩德雷”笛，索加人称其为“阿卡莱雷”笛（akalere），泰索人称其为“阿拉穆鲁”笛（alamuru），虽然名字不同，但它们的材料和用途相似。有些笛类似玩具，有些笛则用更坚固的材料制成。笛的细

---

① 位于乌干达西南，主要居民为基加人和卢旺达人。——译者注

小一端开有吹气口，在另一端则有四个调整音高的开口。在乌干达尤其是在安科莱地区，笛乐常用于舞蹈、放牧和表达爱慕，可以单人吹奏、多人吹奏，也可以搭配鼓乐。

弦乐器

单弦和多弦（如竖琴）乐器的普及程度不亚于鼓。单弦乐器包括“恩丁吉迪”琴和“里吉里吉”琴（arigirigi 或 rigirigi），它们的名字模拟了它们发出的声音。“里吉里吉”琴是独奏琴，擅长模拟人声和单词。

多弦乐器有布干达的非洲竖琴（ennanga 或 entongoli），以 147
及泰索人的“德乌德乌”琴。这两种琴好似乌干达版的吉他，常用于婚礼、葬礼、政治仪式等场合。

舞蹈及其用途

舞蹈是乌干达社会生活中最常见、最重要的部分，主要用来娱乐和欢庆，如婴儿出生、婚姻、家庭拜访、王室加冕等场合；在狩猎、战争、葬礼和啤酒派对之前，也要用舞蹈向神灵祈祷，保佑一切顺利。有些舞蹈在今天濒临灭绝，如祈求祖先保佑战争获胜的传统舞蹈，因为部族间战争在现代乌干达已很少见到。

在乌干达，越是迷信的部族，其舞蹈就越复杂，如阿乔利人和基苏人。阿乔利人有八大舞蹈，它们是：

1. “洛巴洛巴”（Lalobaloba）——这是一种没有鼓乐伴奏的双排舞，可用于各种场合。舞者手持木棍，男性在外侧，在舞蹈过程中向内侧移动，锁定一名女性舞伴。

148 2.“奥蒂蒂”（Otiti）——这是一种男性舞蹈，舞者手持盾牌和矛，绕着场地中央的鼓手呐喊。在舞者放下盾牌和矛后，可以迅速变形为“洛巴洛巴”舞。

3.“布沃拉”（Bwola）——这是一种为酋长表演的双排舞，也是地位最重要的阿乔利舞。舞蹈由酋长下令开始，外侧的男性舞者击鼓，内侧的女性舞者随鼓声起舞，在他们中间还有一名男性领舞和歌者。领舞的社会地位很高，可以享受各种传统特权，如身披豹皮。

4.“米埃尔·阿瓦尔”（Myel awal）——这是一种葬礼舞蹈，男性舞者手持盾牌和矛跳起“洛巴洛巴”舞，女性舞者则在墓地旁边哭喊边起舞。

5.“阿皮蒂”（Apiti）——这是一种女性歌舞，用来庆祝年中雨季的来临。舞者在表演时站成一排。只有当雨季来临时才会安排这种舞蹈。

6.“拉冬戈”（Ladongo）——这是一种用来庆祝狩猎凯旋的舞蹈，在猎人回到自己家之前表演。舞蹈时，男性和女性舞者分成面对面的两排，拍着手上下跳动。阿乔利人传统上都是优秀的猎手，狩猎的方式有很多。[26]但随着时间的推移，阿乔利人曾经的狩猎区已退化或收归政府，部族生活逐渐现代化，不再依赖野生动物的肉生活，“拉冬戈”的重要性也因此大不如前。

7.“米埃尔·旺加”（Myel wanga）——这是一种婚礼和啤酒派对结束后表演的舞蹈，男性竖琴师在后排演奏，同时女性舞者在前排表演“阿皮蒂”舞。

8. “阿蒂拉”（Atira）——这种舞蹈由全副武装的战士在战争前夜表演，在舞蹈中再现持矛战士的搏斗场面，鼓舞士气，并为战士提供机会磨炼技巧。“阿蒂拉”舞也早已成为历史。

以上阿乔利舞蹈的变体亦可见于其他乌干达部族。例如，卢旺达人的战争舞蹈也会手持各种武器，他们还会戴上可怖的头套。传统乌干达舞者在不同场合会身着不同的舞蹈服饰，以增强动作的表现力，这些特制的服饰包括剑麻裙（今天仍十分常见）、铃铛、头饰、羽毛、盾牌、矛、棍棒、项链、手镯以及各种材质的帽子。舞者的头发也会剃成特定的形状。多数传统舞蹈的服饰在今天已加入了现代元素，有的甚至被整体淘汰。

泰索人也有许多不同的舞蹈，有庆祝双胞胎诞生的舞蹈；也有青年男女之间的室外求爱舞蹈“阿肯贝”舞（akembe）；
还有召唤祖先神灵来干预不幸事件的舞蹈。这种召唤舞蹈伴有 149
特定的歌曲，能引导祖先神灵占据舞者的身体而说出他们的愿望。

卢旺达—富比拉人的婚礼舞蹈十分复杂。这是一种同性或异性间的双人舞。在一对异性组合中，女性是呼喊的一方，而男性则通过唱歌来回忆部族的重大事件。隶属于卢旺达—富比拉人的部落也有自己独特的舞蹈，如图西人的舞蹈通常由女孩唱歌并结对起舞，而男性则跳 10 人以上的集体舞。

舞台剧

舞台剧是乌干达最发达的传统娱乐项目之一。在没有广播和电视的年代，舞台剧、摔跤、歌舞和说书是乌干达人的主要娱乐项目。这些项目还肩负了更重要的功能，它们为儿童社会化提供了平台，因为传统乌干达文化一直靠口头和表演来传递给下一代。尽管学校和大众传媒在传播乌干达文化方面起着越来越重要的作用，但舞台剧并没有因此受到影响，因为乌干达社会仍然重口头、轻文字。

乌干达的舞台剧有许多不同的种类，包括歌舞剧（音乐剧）、政治剧、儿童剧、文化歌舞、民间歌曲、木偶剧、杂技、社区戏剧和发展戏剧等。舞台剧的内容来自乌干达生活的方方面面，如家庭生活、死亡、婚姻、跨族群婚恋、城市与农村生活、腐败、艾滋病和内战等。舞台剧在抗击艾滋病领域功不可没。许多发展机构也通过舞台剧的情节来宣传各种发展议题，尤其是农村地区，那里的收入不高，识字率低，也没有足够的纸质和电子传媒。[27]

落成于 1959 年、位于坎帕拉的壮观的乌干达国家剧院和文化中心（UNCC）是乌干达历史最悠久、名声最显赫的舞台剧场馆，吸引了这个国家最优秀的剧本和演员，偶尔也会有国际团体的演出。在殖民时代，只有白人才能入内，主要的演出都来自印度人多数的坎帕拉业余戏剧协会（KATS）。1964 年，非洲人戏剧协会作为首个乌干达本地剧团在国家剧院登台演出。从落成伊始，国家剧院就被赋予了宣传和保护乌干达文化
150 价值观的重任。[28]乌干达各地的大学、专科学院、中小学和城镇中心也有大小不一的舞台剧场馆。农村地区的演出通常在户外进行，并使用部族语言。

乌干达的舞台剧演员来自各行各业，尤其是教会、中小

学、专科学院、大学和专业的部族文化团体，其中以坎帕拉五旬节派教堂表演组最为出名。这个团队定期在国家剧院演出宗教剧，如黛博拉·阿西姆韦（Deborah Asiimwe）创作的《有爱的敌人》（The Affectionate Foe）和《洛戈玛在寻找》（Logoma Is Searching）。

由于学生毕业和辍学等原因，中小学的舞台剧演员变动频繁，但全国各地的中小学每年都会组织表演团队前往国家剧院参加“全国中小学戏剧节”，争夺地方和国家级奖项。他们中的佼佼者有布韦拉尼扬吉女子高中（Bweranyangi）、纳玛贡加女子中学（Namagunga）、托罗罗女子中学、加亚扎女子高中（Gayaza）、布多国王学院和纳米里安戈男子高中（Namiriango）等。来自大学生的舞台剧则在全国各地的大学校园演出，有时也会亮相于国家剧院。在基格齐学院布托贝莱校区（Kigezi College Butobele）还有一处有名的政府建造的剧场。[29]

乌干达有许多专业型和业余型的舞台剧团体，尤其是在坎帕拉。其中最成功的是坎帕拉业余戏剧协会。理论上，任何人只要对舞台剧表演、导演和制作感兴趣都可以申请加入这个协会，但只有首都精英才负担得起它的会员制，尤其是外国人和外交官。这个协会的表演以别致、欢快闻名，面向首都的外国 151
和本地观众。正常情况下，协会每年出资制作四出剧，3 月和 10 月两出戏剧，年中一出音乐剧，以及 12 月一出圣诞童话剧。[30]多数剧本来自英国，如威廉·拉塞尔（William Russell）1983 年创作的音乐剧《血肉兄弟》（Blood Brothers），以及穆里埃尔·斯巴克（Muriel Spark）1961 年发表的小说《简·布罗迪小姐的青春》（The Prime of Miss Jean Brodie）。[31]其他的专业型剧团还有剧作家查尔斯·穆莱库瓦（Charles Mulekwa）指导的“团队线”（Teamline）剧团，以及“乌木”（Ebonies）剧团。后者于近期上演了浪漫剧《卡利波波》（Kalibbobo），讲述了四个女人争夺一个男人的故事，这其中还有一名美丽的艾滋病阳性白人女性。[32]

乌干达培养了许多剧作家，如上文提到过的查尔斯·穆莱库瓦、奥考特·普比特克、约翰·鲁干达、罗伯特·塞鲁玛加等。其他知名的剧作家包括“殉道的拜伦”卡瓦杜瓦（Martyred Byron Kawadwa），代表作《旺科科之歌》（The Song of Wankoko）；莫西·米伦贝，代表作《女士，你会嫁给我吗》（Lady, Will You Marry Me）以及《腐败的酋长》（The Corrupt Chief）；玛丽·卡罗罗·奥库鲁特，代表作《神牛的诅咒》（The Curse of the Sacred Cow）；黛博拉·阿西姆韦，代表作《洛戈玛在寻找》。卡瓦杜瓦活跃于70年代阿明统治的混乱时期，因用戏剧批评政权而被杀害。约翰·鲁干达和罗伯特·塞鲁玛加也在70、80年代的困难时期致力于乌干达戏剧的发展，而其他人，如奥考特·普比特克，则选择了流亡。[33]

穆莱库瓦是当代著名剧作家，共有10部作品，他关注乌干达的社会现状，如猥亵儿童、社会冲突和内战、艾滋病，以及女性割礼、彩礼等不良的文化风俗。1990年的作品《我体内的女人》（The Woman in Me）和1995年的作品《完全不针对你》（Nothing Against You）分别获得乌干达国家剧本奖和英国广播公司非洲表演奖。《我体内的女人》讲的是母亲执意要为儿子挑选配偶的故事，批判了父母对子女的过分控制，以及许多女性的双重性格——一边是关怀备至的母亲和伴侣，另一边则是用自己的影响力去实现自私目的的人。《完全不针对你》批判了乌干达文化中的彩礼陋习，彩礼已成为男性家庭的沉重负担，即便是妻子死了也要付清。[34]彩礼不但将女性降格为可以买卖的物品，也打击了适婚的青年男性，尤其是在当前困难的经济环境下。奥考特·普比特克 1989 年创作的剧本《白牙》也探讨了这个问题。穆莱库瓦还在 1999 年创作了《火的时代》（A Time of Fire）和《你我之间》（Between You
and Me），担任了“团队线”剧团的共同指导，是坎帕拉业余 152
戏剧协会和乌干达国家戏剧协会的执委。

乌干达的舞台剧目前面临着许多挑战。首先，不少剧作和舞蹈是没有剧本的。这不但是因为传统剧作家的识字率不高，也因为在 70、80 年代政治动荡时期写作剧本是一件危险的事，尤其是那些被认为批判了阿明和奥博特政权的剧作。缺少剧本影响了这些剧作和舞蹈在国际市场的推广，减少了乌干达在国家戏剧舞台亮相的机会，反过来又阻碍了国际社会对乌干达剧作家及他们作品的认可。

其次，不少乌干达剧作和舞蹈根植于特定的部族背景和语言，不易于外界的理解。尽管这个国家缺少可靠的通用语，但这些剧作只有在译为英语等语言后才能让更多的观众接触到。译为英语举办也可以将剧作推广至国际市场，虽然有些传统文化概念很难被翻译。总体而言，翻译也许会增加乌干达戏剧在全国和国际舞台的曝光率，并促进乌干达的社会、文化和经济发展。

第三，有限的政府资金也难以给舞台剧和其他表演艺术提供足够的支持。政府将这些艺术表演视为奢侈品。私人资金也很难获得。贫困的人口则意味着买得起票看演出的观众数量有限。多数演员无法靠演出的收入过活，必须赚外快贴补家用。这些因素导致了不少粗制劣造的舞台剧，有些内容甚至完全不顾及观众感受。[35]

第四，乌干达的舞台剧很难做到既贴近本地社会文化背景，又具有一定的进步意义。这就意味着剧作家和演员的想法既不能太超前也不能太落后，必须考虑到观众的期望，不然的话他们的日子将更难过。

最后，尽管乌干达给予演员一定程度的表演自由，但他们并不能彻底放开手脚演出自己喜欢的作品。乌干达政府已经禁封了好几场“粗俗”的演出，使得艺术家们不得不常常自我审查，以避免触怒当局。[36]

153 虽然面临诸多挑战，乌干达的舞台剧仍在不断发展壮大。区域性戏剧组织的力量也在成长，如包括了埃塞俄比亚、肯尼亚、乌干达和坦桑尼亚的东非戏剧学院（EATI），能够在本区域协调剧场活动，为各国艺术家提供了交流想法的平台，也为他们提供了联手解决麻烦、改善工作环境的机会。[37]

注释：

1. 罗尼·格拉汉姆，《非洲音乐世界》卷 2，收录于《斯特恩的当代非洲音乐指南》（芝加哥，研究协会，1992）。

2. 亨利·基彦巴，《血之国：伊迪·阿明内幕》（纽约，王牌图书，1977 年），第 147 页。

3. “包揽 PAM 大奖”，我的乌干达网，2004 年，http：//www.

myuganda. co. ug/entertain/details. php? unique = 63。

4. 格里高利·巴尔兹，《东非音乐：体验音乐、体验文化》（纽约，牛津大学出版社，2004 年），第 76 页。

5. 同上，第 61 ~ 62、102 ~ 106 页。

6. 乌干达的传统王国已不再互相征战。

7. 乔埃尔·塞姆布乔，“乌干达的民间故事”，http://bunjoe. 8m. net/。

8. 皮特·库克，“乌干达共和国”，《新格罗夫音乐和音乐家辞典》卷 26，斯坦利·萨迪主编（伦敦，麦克米兰，2001 年）。

9. 音乐乌干达网，“纳恩齐加小学感动全国”，2005 年 5 月 21 日，http://www. musicuganda. com/reviews/nanziga. htm。

10. 圣 CA，“瞄准恩德雷舞蹈团”，2002 ~ 224 年，http://www. musicuganda. com/groups/nderetroupe. htm.

11. 乌干达国家剧院和文化中心，法语联盟“击鼓”音乐会，2005 年 11 月 19 日，http://www. culturalcentre. or. ug/。

12. 格拉汉姆，《非洲音乐世界》。

13. 西尔维娅·纳尼永加—塔穆苏扎，“干达吉他乐德性别、部族和政治：分析歌曲卡扬加”，《非洲当代音乐的表演与身份》，梅·帕尔姆博格、安奈梅特·科克加德主编（乌普萨拉，瑞典，北欧非洲学院；西贝柳斯博物馆；瑞典语图尔库大学音乐学系；2002 年）。

14. “欣赏乌干达音乐”，音乐乌干达网，2002 ~ 2004 年，http://www. musicuganda. com/songs/index. htm。

15. 瓦托托儿童看护牧师团，“合唱”，http://www. watoto. com。另见金·卡鲁索，美国瓦托托儿童看护牧师团全国主任兼国际巡演协调员与作者的电子邮件信息，2005 年 8 月 16 日。

16. 巴尔兹，《东非音乐》，第 101 ~ 103 页。另见“传统非洲音乐遇见古典音乐家”，国际音乐网，2001，http://www. internationalopus. com/ Justinian_ Tamasuza/。

17. “传统非洲音乐遇见古典音乐家”，国际音乐网。

18. 伊芙·本德，“心理治疗、音乐、诗歌可以改变社会”，《心理治疗新闻》，第 40 卷第 13 期，2005 年 7 月 1 日，第 18 页，http://pn.psychiatryonline.org/cgi/content/ full/40/13/18。

19. “包揽 PAM 大奖”，我的乌干达网。

20. 同上。

21. 纳尼永加—塔穆苏扎，“干达吉他乐德性别、部族和政治”。

22. 同上。

23. 查尔斯·奥蒂埃诺，“变色龙的王室生活方式”，《脉搏，东非的标准》，2005 年 6 月 24 日，http://www.eastandard.net/。

24. “包揽 PAM 大奖”，我的乌干达网。

25. “布干达国歌（完全版）”，干达祖先网，2005 年，http://www.gandaancestry.com/general/library.php。

26. 纳尼永加—塔穆苏扎，“干达吉他乐德性别、部族和政治”。

27. 例如，力耐（line）狩猎在十二月旱季进行；杜瓦尔·阿鲁姆（dwar arum）是旱季的集体狩猎；杜瓦尔·奥布沃（dwar obwo）是带着网、矛和狗的集体狩猎；基兰戈（kirange）狩猎则将野生动物驱赶入泛滥的河水，再用矛击杀，在雨季来临时进行；奥基亚是单人捕猎或陷阱捕猎，在雨季高峰期进行，奥基亚使用的陷阱的大小和精巧度因动物而异，取决于要抓的事鸟、小型动物还是大象，最常见的几种陷阱有奥乔（okol，一端是绳套，另一端是木块）、泰凯（tekke，环形绊脚陷阱）、布尔（bur，路上的坑）、以及通·图沃克（tong twok，树上挂矛用来抓大象）。

28. 苏珊·巴蒂耶、梅西·米伦贝·恩坦加莱、伊恩·阿兰，《乌干达的舞蹈和戏剧：非洲的明珠》，2005 年，电子书，http://www.hushvideos.com/SB-Afr.Shtml。

29. 乌干达国家剧院和文化中心，“乌干达国家剧院和文化中的历史与使命”，2005 年，http://www.culturalcentre.or.ug/。另见伊曼纽尔·

塞金戈，“国家剧院的乌干达故事”，对乌木剧团表演的评论，《新景报》，2005 年 1 月 22 日，http：//www. newvision. co. ug/。

30. 与伊曼纽尔·图韦西吉耶夫妇的私人访谈，德拉华，俄亥俄州，2005 年 11 月 17 日。另见“事件”，乌干达国家剧院和文化中心，2004 年，http：//www. culturalcentre. or. ug/default. aspx。

31. “坎帕拉业余戏剧协会”，2005 年，http：//kadsonline. org/。

32. 卡隆吉·卡布耶，“布罗迪：有使命感的教师”，《新景报》，2004 年 4 月 2 日，http：//newvision. co. ug/D/9/38/350812。另见查尔斯·奥尼扬戈—奥博，“有着冗长葬礼和戏剧的国家没有前途”，《每日观察报》，2002 年 5 月 22 日，http：//www. africanews. com/article609. html。

33. 塞金戈，“国家剧院的乌干达故事”。

34. 艾芙琳·基亚皮·马萨穆拉，“受女性启发（关于乌干达剧作家查尔斯·穆莱库瓦的故事）”，2003 年 8 月 23 日，http：//ipsnews. net/interna. asp？ idnews = 19719。

35. 同上。

36. 阿比奈特·格塔楚，“艺术和文化有时是奢侈的活动”，戏剧工具网，2004 年 11 月 1 日，http：//www. dramatool. org/search/site/ news/97。另见奥尼扬戈—奥博，“有着冗长葬礼的国家”。

37. 理查德·姆齐雷，“东非艺术家面临的挑战”，戏剧工具网，2004 年 10 月 11 日，http：//www. dramatool. org/search/site/news/85/。

38. 杰万·瓦萨加尔，“不要提到 V 开头的那个词：乌干达取缔独角戏”，《观察家》，2005 年 2 月 20 日，http：//www. guardian. co. uk。

39. 格塔楚，“艺术和文化有时是奢侈的活动”。

术语表

Abajwarakondo. 托罗王国的高贵男性群体。

Adeudeu. 泰索人的一种多弦乐器。

Agwara. 尼罗河西岸地区的长牛皮木号角。

Akadinda. 干达语，卡巴卡独享的大木琴。

Akalere. 有五六个开孔的索加笛。

Akembe. 泰索青年男女间的室外求爱舞蹈。

Akirriket. 卡拉莫琼祈雨仪式。

Alamuru. 泰索长笛。

Amadinda/entaala. 干达人的木琴。

Amagunju. 一种干达舞蹈。

Amagwalla. 索加人的长牛皮木号角。

Amakondeere. 布干达王国的王室号角（也用于布尼奥罗和托罗王国）。

Amayebe. 索加人的圣鼓。

Apiti. 阿乔利女孩的雨季歌舞。

Arupepe. 泰索人的牛角号。

Balubaale. 传统干达宗教里圣人“卢巴莱”的复数形式。

Baraza. 斯瓦希里语，长老会。

Bukule. 卡通达神在布干达基亚格韦的祭坛之一。

Bul jok. 兰戈人的圣鼓。

Bur. 阿乔利人放置在动物途经之地的陷阱。

Buzu. 卡通达神在布干达基亚格韦的祭坛之一。

Bwola. 阿乔利双排酋长舞。

Chapati/Chapatti. 流行于东非和印度的扁饼。

Dwar arum. 阿乔利人的旱季集体狩猎。

Dwar obwo. 带着网、矛和狗的阿乔利人常规集体狩猎。

Ebisanja. 布干达王国的王室号角。

Eid al Adha. 伊斯兰宗教节日。

Eid al Fitr. 庆祝斋月结束的伊斯兰宗教节日。

Emandwa. 托罗人信仰的曼杜瓦教派神祇。

Emiidiri. 泰索人的长圆柱形鼓。

Empaako. 尼奥罗人的宠物名字。

Emuria. 卡拉莫琼的一种草。

Emurron. 卡拉莫琼巫医。

Endere. 有五六个开孔的笛。

Endiiro. 尼奥罗人吃饭的篮子。

Endingidi. 一种干达人的鲁特琴。

Engaabe. 索加人的长圆柱形鼓。

Engalabi. 干达人的长圆柱形鼓。

Ennanga. 干达人的一种多弦乐器。

Ensaasi. 一种类似于拉丁美洲沙铃的乐器（装有石头或豆子的中空葫芦）。

Ensigosigo. 尼奥罗人的小米芝麻混合食物。

Enswezi. 索加人的圣鼓。

Entongoli. 干达人的一种多弦乐器。

Etimbo. 托罗人信仰的曼杜瓦教派的鼓和号。

Eyonga. 格维雷人迎接双胞胎出世的舞蹈仪式。

Gombolola. 象征布干达卡巴卡王权、位于宫廷入口的长明圣火。

Gomesi/Busuti. 长至脚踝的维多利亚式女性长裙。

Gufata/gaturura. 卢旺达—富比拉人的强迫婚姻。

Gyendi. 干达语，“我很好。”

Habari yako. 斯瓦希里语，“你好吗?”

Imam. 伊斯兰教士。

Iremba. 基苏人的男孩成人礼舞蹈。

Isebantu Kyabazinga. 布索加王国的世袭酋长议会主席。

Ityanyi. 为基苏男孩割礼准备的一种草。

Jambo sana. 斯瓦希里语，“我很好。”

Jambo. 斯瓦希里语，“你好。”

Kabaka. 布干达国王的传统头衔。

Kabarega. 布尼奥罗国王的传统头衔。

Kadongo-kamu. 一种流行的乌干达音乐流派。

Kampala Jumpa. 一种男性绣花短衫。

Kangawo. 布干达王国莱麦齐酋长的传统头衔，负责新老卡巴卡的顺利过渡。

Kanzu/Boubou. 一种及地男性长袍。

Kasozi K'mpala. 干达语，“黑斑羚之山”。

Kasuze Katya. 干达人的新娘交接仪式。

Katonda. 传统干达宗教的最高神。

Kawuula. 制作和演奏布干达王室鼓乐的世袭酋长家族之一。

Khanga/Kikoi. 一种女性棉质围裙。

Kibuga. 布干达王国在门戈山的传统都城。

Kimomomera. 制作和演奏布干达王室鼓乐的世袭酋长家族之一。

Kirange. 阿乔利人的雨季狩猎，将野生动物驱赶进泛滥的河水，然后用矛刺杀。

Kiswahili/Swahili. 一种通用于东非的语言。

Kraal. 牲畜围栏，或篱笆围起的传统村庄。

Kwanjula. 干达人的传统婚姻。

Ladongo. 阿乔利人欢迎猎人凯旋的舞蹈。

Lalobaloba. 阿乔利人的无鼓乐双排舞。

Lubaale. 传统干达宗教里的守护神和圣人（“巴卢巴莱”的单数形式）。

Lubale. 干达人的圣鼓。

Luganda. 干达人的语言。

Lukeme/okeme. 干达人的拇指琴。

Luwombo. 用香蕉叶炖的鸡肉、羊肉或牛肉。

Madrasa. 伊斯兰学校。

Mahr. 阿拉伯语，嫁妆或彩礼。

Majaguzo. 象征卡巴卡王权的战鼓。

Malaya. 斯瓦希里语，妓女。

Mandazi. 一种流行于东非的油炸圈饼。

Mandwa. 传统干达宗教里卡通加神的祭司。

Marwa. 啤酒。

Matooke. 干达人的菜蕉，或乌干达南部流行主食的名字。

Mizimu. 传统干达宗教里逝去祖先的灵魂。

Mugabazi. 尼奥罗人在葬礼上分食死者公牛的仪式。

Mugerere. 布干达王国格雷雷酋长的传统头衔，负责新老卡巴卡的顺利过渡。

Muko. 干达语，妻子的兄弟。

Musani. 接受过割礼的基苏男性。

Musinde. 未接受过割礼的基苏男性。

Muwanga. 传统干达宗教里最强大的“卢巴莱”。

Mweso. 乌干达播棋。

Myel awal. 阿乔利人的葬礼舞蹈。

Myel wanga. 阿乔利人的婚礼舞蹈或啤酒派对舞蹈。

Namakwa. 卡通达神在布干达基亚格韦的祭坛之一。

Ng'inga'aricum. 乌干达北部卡拉莫琼人的一个部落，以不掩埋死者闻名。

Njeme. 斯瓦希里语，“我很好，谢谢。”

Njovu. 布干达的一个部落。

Nsenene. 干达人的食用绿蚱蜢。

Nyalebe. 奇韦齐圣鼓。

Obugabe. 安科莱的王权。

Okia. 阿乔利人在雨季进行的单人捕猎或陷阱捕猎。

Okol. 阿乔利人的捕猎陷阱，一端是绳套，另一端是木块，用来捕获小型猎物。

Okukurata. 尼奥罗国王公开接见臣民的仪式。

Okwabya Olumbe. 干达人的“驱赶死亡”仪式。

Oluganda. 干达语，亲缘或兄弟关系。

Olyotya. 干达语，“你好吗？”

Omugabe. 安科莱国王的传统头衔。

Omukama. 尼奥罗语，国王。

Omukari. 安科莱人和基格齐地区的带五六个开孔的笛。

Omulanga. 干达语，竖琴师。

Omusauga. 托罗国王加冕仪式的主持者。

Otiti. 阿乔利男性舞蹈，演员手持盾和矛。

Pombe. 斯瓦希里语，啤酒。

Posho/Ugali/Nsima. 用来配肉汤的稠粥或玉米面。

Runyege. 基苏男孩割礼舞蹈。

Sambusa. 流行于东非的肉馅或蔬菜馅饼。

Ssenga. 干达语，姑母。

Tadooba. 冒大量烟的煤油灯。

Takeu. 一种东非流行音乐流派，名字源于坦桑尼亚、肯尼亚和乌干达国名的头三个音节。

Tamenha Ibuga. 索加人的一种舞蹈。

Tekke. 阿乔利人的环形绊脚陷阱，用来捕获小型动物。

Tong twok. 阿乔利人用来捕获大象的陷阱，带有一支挂在树上的矛。

Uji. 斯瓦希里语，粥。

Ukwijana. 卢旺达—富比拉新娘的私奔行为。

Waragi. 香蕉或木薯酿制而成的金酒。

Yakan. 乌干达的一支邪教。

文献资料

简　介

乌干达的基本背景资料，参见 Rita M. Byrnes, ed., Uganda: A Country Study (Washington, D. C.: Library of Congress 1992); Spectrum Guide to Uganda (Nairobi, Kenya: Camerapix Publishers, 2004); David Gwyn, Idi Amin: Death-Light of Africa (Boston: Little, Brown, 1977); Holger Bernt Hansen and Michael Twaddle, eds., Uganda Now: Between Decay and Development (London: James Currey, 1995); Holger Bernt Hansen and Michael Twaddle, eds., Developing Uganda (London: James Currey, 1998); Henry Kyemba, A State of Blood: The Inside Story of Idi Amin (New York: Ace Books, 1977); Thomas Melady and Margaret Melady, Idi Amin Dada: Hitler in Africa (Kansas City, Kans.: Sheed Andrews and McMeel, 1977); Amii Omara-Otunnu, Politics and the Military in Uganda, 1890 ~ 1985 (New York: St. Martin's Press, 1987);

Ritva Reinikka and Paul Collier, eds. , Uganda's Recovery: The Role of Farms, Firms, and Government (Kampala: Fountain Publishers, 2001); Adam Seftel, ed. , Uganda: The Blood Stained Pearl of Africa and Its Struggle for Peace (Lanseria, South Africa: A Bailey's African Photo Archives, 1994); Odo Willscher and Wilhelm Eigener, Uganda: The Cradle of the Nile (Hamburg: H. Carly, 1964); Richard Nzita and Mbaga-Niwampa, Peoples and Cultures of Uganda (Kampala: Fountain Publishers, 1997); and Rocha Chimera, Kiswahili: Past, Present and Future Horizons (Nairobi, Kenya: Nairobi University Press, 1998).

宗教与世界观

参见 Elizabeth Isichei, A History of Christianity in Africa: From Antiquity to the Present (Grand Rapids, Mich. : Eerdmans, 1995); John S. Mbiti, African Religions and Philosophy (Garden City, N. Y. : Anchor Books, 1970); John S. Mbiti, Introduction to African Religion (London: Heinemann Educational, 1975); Samuel Oluoch Imbo, An Introduction to African Philosophy (Lanham, Md. : Rowman and Littlefield, 1998); Aylward Shorter, East African Societies (Boston: Routledge & Kegan Paul, 1974); A. F. Mockler-Ferryman, "Christianity in Uganda," Journal of the Royal African Society 2, no. 7 (April 1903): 276 ~ 91; Ali A. Mazrui, "Religious

Strangers in Uganda: From Emin Pasha to Amin Dada," African Affairs 76, no. 302 (January 1977): 21 ~ 38; Dan Mudoola, "Religion and Politics in Uganda: The Case of Busoga, 1900 ~ 1962," African Affairs 77, no. 306 (January 1978): 22 ~ 35; U. S. State Department, "International Religious Freedom Report 2003," http://www. state. gov/g/drl/ rls/irf/2003/23759. htm; Uganda Bureau of Statistics, "2002 Population and Housing Census," 2003, http://www. ubos. org; Spectrum Guide to Uganda (Nairobi, Kenya: Camerapix Publishers, 2004); Lillian Ashcraft-Eason and L. Djisovi Ikukomi Eason, "Indigenous Religions and Philosophies," in Contemporary Africa, vol. 5, ed. Toyin Falola (Durham, N. C.: Carolina Academic Press, 2003), 553 ~583.

文学、电影与媒体

有关乌干达文学和媒体的权威资料很少，但下列资料仍提供了不少有用的信息：African Books Collective, "African Literature," http://www. african bookscollective. com; Africa Centre, "Contemporary Africa Database," 2001 ~ 2004, http://people. africadatabase. org/en/person/15933. html. Some of Uganda's popular literature includes Mary Abago, Sour Honey (Kampala: Fountain Publishers, 1999); Aloysius Aloka, Iteo Alive (Kampala: Fountain Publishers, 2000); Regina Amollo, A Season of Mirth (Kampala: Femrite Publications, 1999);

Henry Barlow, Building the Nation and Other Poems (Kampala: Fountain Publishers, 2000); Violet Barungi, Cassandra (Kampala: Femrite Publications, 1999); Violet Barungi, ed. Words from a Granary: An Anthology of Short Stories by Ugandan Women Writers (Kampala: Femrite Publications, 2001); Okot Benge and Alex Bangirana, eds., Uganda Poetry Anthology 2000 (Kampala: Fountain Publishers, 2000); Austin Lwanga Bukenya, Notes on East African Poetry (Nairobi, Kenya: East African Educational Publishers, 1978); Joachim Buwembo, How to Be a Ugandan (Kampala: Fountain Publishers, 2002); Victor Byabamazima, Shadows of Time (Kampala: Fountain Publishers, 1999); Jane Kaberuka, Silent Patience (Kampala: Femrite Publications, 1999); J. K. Kagimu, Tired! (Kampala: Kamenyero Publishing, 1995); Julius Kaggwa, From Juliet to Julius: In Search of My True Gender Identity (Kampala: Fountain Publishers, 1997); Hope Keshubi, Going Solo (Kampala: Fountain Publishers, 2000); Susan N. Kiguli, The African Saga (Kampala: Femrite Publications, 1998); Rosemary Kyarimpa, Echoes of Her Voice (Kampala: MK Publishers, 1999); Goretti Kyomuhendo, The First Daughter (Kampala: Fountain Publishers, 1996); Mercy Mirembe Ntangaare, Lady, Will You Marry Me (Kampala: MPK Graphics, 2002); Taban lo Liyong, Fixions & Other Stories (London: Heinemann Educational, 1969); Taban lo Liyong, Frantz Fanon's Uneven Ribs (London: Heinemann Educational, 1971); Taban lo

Liyong, Another Nigger Dead (London: Heinemann Educational, 1972); Taban lo Liyong, The Cows of Shambat: Sudanese Poems (Harare, Zimbabwe: Zimbabwe Publishing, 1992); Taban Lo Liyong, Words That Melt a Mountain (Nairobi, Kenya: East African Educational Publishers, 1996); Taban Lo Liyong, Carrying Knowledge up a Palm Tree: Poetry (Trenton, N. J.: Africa World Press, 1997); Julius Ocwinyo, Fate of the Banished (Kampala: Fountain Publishers, 1997); Mary Karooro Okurut and Violet Barungi, A Woman's Voice: An Anthology of Short Stories by Ugandan Women (Kampala: Femrite Publications, 1998); Mary Karooro Okurut, Child of a Delegate (Kampala: Monitor Publications, 1997); Mary Karooro Okurut, The Curse of the Sacred Cow (Kampala: Fountain Publishers, 1994); Mary Karooro Okurut, Milking a Lioness & Other Stories (Kampala: Monitor Publications, 1999); Christine Oryema-Lalobo, No Hearts at Home (Kampala: Femrite Publications, 1999); Okot p'Bitek, White Teeth (Kampala: East African Educational Publishers, 1989); David Rubadiri, ed., Growing Up with Poetry: An Anthology for Secondary Schools (Oxford, U. K.: Heinemann International Literature and Textbooks, 1989); Lilian Tindyebwa, Recipe for Disaster (Kampala: Fountain Publishers, 1995); Ugandan Women's Writers Association, ed., Uganda Creative Writers Directory (Oxford, U. K.: African Writers Collective, 2000); Ayeta Anne Wangusa, Memoirs of a Mother (Kamapala: Femrite Publications, 1998); Timothy Wangusa, A

Pattern of Dust: Selected Poems 1965 ~ 1990 (Kampala: Fountain Publishers, 2000); and Timothy Wangusa, Upon This Mountain (Oxford, U. K.: Heinemann Educational Publishers, 1989).

关于媒体的资料，参见 Spectrum Guide to Uganda (Nairobi, Kenya: Camerapix Pub-lishers, 1997); World Bank, World Development Report 1998/99: Knowledge for Development (New York: Oxford University Press, 1999); Ruth Ojiambo Ochieng, "Development of Community Media in Uganda" (paper presented at the Regional Seminar on the Promotion of Community Media in Africa, Kampala, Uganda, June 8, 1999), http://www.isis.or.ug; Uganda Media Women Association, "101.7 MAMA FM—Community Radio," 2001, http://interconnection.org/umwa/community_radio.html; TVRadioWorld, "Uganda—Radio/TV Stations on the Internet," 2004, http://www.tvradioworld.com.

艺术与建筑

关于乌干达艺术，参见 Sidney Littlefield Kasfir, Contemporary African Art (London: Thames & Hudson, 1999); Catherine Gombe, "Indigenous Pottery as Economic Empowerment in Uganda," Journal of Art and Design Education, 21, no. 1 (February 2002): 44 ~ 51.

关于建筑和住房，参见 Tom Sanya, "Ugandan Architecture

through the Years," 2005, http://www.ugpulse.com; Mark R. O. Olweny and Jacqueline Wadulo, "Searching for Identity: Architecture and Urbanism in Uganda" (paper presented at Architecture and Identity Conference, Berlin, Germany, December 6 ~ 9, 2004), http://www.architecture-identity.de/conference_abstracts_olwenywadulo.htm; Rita M. Byrnes (1992). Spectrum Guide to Uganda (Nairobi, Kenya: Camerapix Publishers, 1997); Jacqueline Woodfork, "Cities and Architecture," in African Cultures and Societies before 1885, vol. 2, ed. Toyin Falola (Durham, N. C.: Carolina Academic Press, 2000); John R. Knight, William E. Herrin, and Arsene M. Balihuta, "Housing Prices and Maturing Real Estate Markets: Evidence from Uganda," Journal of Real Estate Finance and Economics 28, no. 1 (2004): 5 ~ 18; Samuel Vivian Matagi, "Some Issues of Environ-mental Concern in Kampala, the Capital City of Uganda," Environmental Monitoring and Assessment 77, no. 2 (July 2002): 121 ~ 138; Daniel G. Maxwell, "Highest and Best Use? Access to Urban Land for Semi-Subsistence Food Production," Land Use Policy 13, no. 3 (June 1996): 181 ~ 195.

餐饮与传统服装

Spectrum Guide to Uganda (Nairobi, Kenya: Camerapix Publishers, 2004); G. J. Scott, J. Otieno, S. B. Ferris, A. K. Muganga, L. Maldonado, "Sweetpotato in Ugandan Food

Systems: Enhancing Food Security and Alleviating Poverty," CIP Program Report, 1997 ~ 1998, http://www.cipotato.org; B. Odongo, R. O. M. Mwanga, C. Owori, C. Niringiye, F. Opio, P. Ewell, Berga Lemaga, G. Agwaro, L. Serunjogi, E. Abidin, J. Kikafunda, and R. Mayanja, "Development and Promotion of Orange-fleshed Sweetpotato to Reduce Vitamin A Deficiency in Uganda," 2002, http://www.cipotato.org; C. T. Kirema-Mukasa and J. E. Reynolds, "Marketing and Consumption of Fish in Uganda," Food and Agriculture Organization of the United Nations, 1991, http://www.fao.org; Richard Nzita and Mbaga-Niwampa, Peoples and Cultures of Uganda (Kampala: Fountain Publishers, 1997); Barry McWilliams, "Shopping in Uganda," 2002, http://www.eldrbarry.net; Charles Onyango-Obbo, (1999), "Janet [Museveni], [Sylvia] Nagginda, Miria [Obote] Of Beauty, Fashion, Money," Daily Monitor, 3 November 1999, http://www.newvision.co.ug/.

性别角色、婚姻与家庭

关于这个主题的最佳材料是 Richard Nzita and Mbaga-Niwampa, Peoples and Cultures of Uganda (Kampala: Fountain Publishers, 1997) 和 Aili Mali Tripp, Women & Politics in Uganda (Madison: University of Wisconsin Press, 2000). 补充材料还有 Evelyn Kiapi Matsamura, "Muslims Demand Changes in Bill on Women's Rights," Inter Press Service, April 7, 2005, http: //www. ipsnews. net; Catherine Bond, "Uganda's Parliament to Re-examine Polygamy," April 5, 1998, http: //www-cgi. cnn. com/WORLD/africa/9804/05/uganda. polygamy/; Vanessa von Struensee, "The Domestic Relations Bill in Uganda: Potentially Addressing Polygamy, Bride Price, Cohabitation, Marital Rape, Widow Inheritance and Female Genital Mutilation," July 2004, http: //ssrn. com/abstract = 623501; Justine Nannyonjo, "Conflicts, Poverty and Human Development in Northern Uganda," United Nations University, Research Paper No. 2005/47, August 2005, http: //www. wider. unu. edu/publications/; Augustus Nuwagaba, "Situation Analysis of Women in the Ugandan Political Economy," Eastern Africa Social Science Research Review 17, no. 1 (January 2001): 15 ~ 30, http: //www. ossrea. net/eassrr/jan01/augustus. htm. 另见 Kituo Cha Katiba, "The Domestic Relations Bill 2003," East African Center for Constitutional Development, Faculty of Law, Makerere University, 2005, http: //www. kituo-chakatiba. co. ug/dorebil. htm; Stephen O. Murray, "Homosexuality in 'Traditional' Sub-Saharan Africa and Contemporary South Africa," February 14, 2005, http: // semgai. free. fr/; Public Radio Exchange (PRX), "Homosexuality in Uganda," 2003 ~ 2005, http: //www. prx. org/; Dan Elwana, "Church Backs Museveni against Homosexuality," Daily Nation, November 14, 1999, http: //www. nationmedia. com; Human Rights Watch, "Uganda: Same Sex Ban Deepens Repression," July 12, 2005, http: // hrw. org/.

社会风俗与生活方式

关于这个主题的最佳材料是 Richard Nzita and Mbaga-Niwampa, Peoples and Cultures of Uganda（Kampala：Fountain Publishers，1997）and Joachim Buwembo，How to Be a Ugandan（Kampala：Fountain Publishers，2002）．其他不错的材料还有 Aili Mali Tripp，Women & Politics in Uganda（Madison：University of Wisconsin Press，2000）；Augustus Nuwagaba，"Situation Analysis of Women in the Ugandan Political Economy，" Eastern Africa Social Science Research Review 17，no. 1（2001）：15～30，http：//www. ossrea. net；A. B. K. Kasozi，"Higher Education in Uganda：Problems of Cost and Access for Women and Other Disadvantaged Groups"（paper presented at the Women's Worlds 2002 Congress，Makerere University，Kampala，Uganda，July 21～26，2002），http：//www. makerere. ac. ug/womenstudies/.

音乐、舞蹈与舞台剧

Ronnie Graham，The World of African Music，vol. 2 of Stern's Guide to Contemporary African Music（Chicago：Research Associates，1992）；Gregory Barz，Music in East Africa：Experiencing Music，Expressing Culture（New York：Oxford University Press，2004）；Peter Cooke，"Republic of Uganda，" in

The New Grove Dictionary of Music and Musicians, vol. 26, ed. Stanley Sadie (London: Macmillan, 2001); Sylvia Nannyonga-Tamusuza, "Gender, Ethnicity and Politics in Kadongo- Kamu Music of Uganda: Analyzing the Song Kayanda," in Playing with Identities in Contemporary Music in Africa, ed. Mai Palmberg and Annemette Kirkegaard (Uppsala, Finland: Nordiska Afrikainsti - tutet in cooperation with the Sibelius Museum/Department of Musicology, Abo Akademi University, 2002). 有关舞蹈和舞台剧，参见 Susan Battye, Mercy Mirembe Ntangaare, and Ian Allan, Dance and Drama in Uganda: The Pearl of Africa, e-book, 2005, http://www.hushvideos.com/SB-Afr.shtml; Uganda National Theatre & Cultural Centre, "History and Mission of Uganda National Theatre & Cultural Centre," 2005, http://www.culturalcentre.or.ug; and Kampala Amateur Dramatics Society (KADS), 2005, http://kadsonline.org.

索　引

（索引所标页码为原书页码，见正文页边。）

关于作者

凯法·M. 奥蒂索是俄亥俄州鲍林格林州立大学的地理系助理教授。